INVERSIÓN EN CRIPTOMONEDAS

Revolución Blockchain

Las mejores estrategias para convertirse
en cripto millonario

WARREN MEYERS

WARREN MEYERS ACADEMY

Reconocimiento

Quiero agradecerles por comprar mi libro y por confiar en mí, sinceramente ... ¡Gracias!

Escribir un libro es más difícil de lo que pensaba y más gratificante de lo que jamás hubiera imaginado.

Mi agradecimiento es a todos ustedes, lectores, les agradezco porque sin ustedes no podría ser lo que soy, sin ustedes mis libros simplemente… ¡no existirían!

Me gustaría presentarles todos mis trabajos y, si les gustan, los invito a dejar una calificación positiva; ¡Esto me ayudará a continuar mi trabajo y ayudará a otras personas a comprar lo que buscan!

De nuevo ... ¡Gracias!

Warren Meyers

Descubres mis libros

Google

WARREN MEYERS BOOK

Google Search   I'm Feeling Lucky

Tabla de contenidos

INTRODUCCIÓN

Hay personas que, gracias al trading, han cambiado sus vidas y la vida de muchas personas que han creído en ellas. Basta mencionar el nombre de Warren Buffet o George Soros porque los sueños y visiones comienzan a aparecer en la cabeza de muchos comerciantes.

El éxito comercial se logra manteniendo los pies en la tierra.

Partiendo de esta creencia, escribí este manual de forma sencilla con el objetivo de ayudar a los novatos a encontrar la forma correcta de tener éxito, pero sobre todo a encontrar los métodos adecuados para no perder dinero, muchas veces ahorrado con muchos sacrificios.

Negociar no es sinónimo de juego. El comercio de criptomonedas no es un juego ni un pasatiempo. Su enfoque debe ser extremadamente serio y disciplinado, especialmente su atención debe prestarse a salvaguardar el capital que decide invertir. Conocer su carácter, sus miedos, sus metas, saber utilizar todo esto a su favor, es sin duda un arma más.

CAPÍTULO UNO
BLOCKCHAIN

En los últimos años, seguramente habrá notado que el término "blockchain" se pronuncia con una frecuencia cada vez mayor. Es comprensible cuando se considera el hecho de que muchas personas están comparando la importancia de la tecnología blockchain con la de la World Wide Web en la década de 1990.

Pero, ¿qué es blockchain? ¿Cómo funciona? Sobre todo, ¿cómo puede posicionarse para capitalizar esta innovación que podría ofrecer una gran oportunidad de crecimiento?

Blockchain

En pocas palabras, podríamos definir blockchain como una base de datos compartida, un libro de contabilidad digital, un archivo de transacciones financieras que se guardan en varias computadoras en diferentes lugares.

La base de datos crece constantemente a medida que se agregan nuevas transacciones, también llamadas "bloques". Esto forma una cadena continua de datos en la que los registros son públicos y verificables. Como no hay una oficina central, es más difícil piratear información, ya que existe en millones de lugares diferentes.

Hay tres tecnologías principales que se combinan para crear una cadena de bloques. Estos incluyen criptografía de clave privada, una red de distribución con un libro mayor compartido y un incentivo para mantener las transacciones de la red, el mantenimiento de registros y la seguridad. Estos se combinan para hacer de la tecnología blockchain un sistema descentralizado, transparente e inmutable.

Descentralización

La mayoría de las formas de pago tradicionales están centralizadas. Por ejemplo, su banco almacena su dinero y para pagarle a otra persona tendrá que pasar por el banco. Esto tiene varias debilidades:

todos los datos se almacenan en un solo lugar, lo que los convierte en un objetivo fácil para los piratas informáticos;

si la entidad centralizada se cierra o se corrompe, nadie tiene acceso a la información que contiene.

En un sistema descentralizado, como el creado con

tecnología blockchain, la información no es almacenada por una sola entidad. Todos los miembros de la red son propietarios de la información y pueden acceder al historial de transacciones, pero no pueden modificarlo. Esta inmutabilidad es otro pilar fundamental de la tecnología blockchain.

Inmutabilidad

Una vez que se ha colocado algo en la cadena de bloques, no se puede alterar. No hay forma posible de "jugar" con los registros. Esto se debe a que la tecnología subyacente utiliza hashes criptográficos. En el contexto de los pagos, esto significa que las transacciones se toman como entradas y se pasan a través de un algoritmo hash que les da una salida de tamaño y longitud fijos. Esto significa que cada hash puede identificar un conjunto muy grande de cálculos o una cadena de datos.

Transparencia

Quizás el aspecto más interesante de cómo funciona blockchain es el hecho de que ofrece un alto nivel de transparencia y privacidad al mismo tiempo. La identidad de un usuario está oculta detrás de un cifrado complejo y solo puede identificarse por su dirección pública.

Al mismo tiempo, si bien la identidad del usuario es segura, aún se pueden ver todas las transacciones que se han realizado en su dirección pública. Este nivel de transparencia no existe en el sistema financiero actual y es por eso que la tecnología blockchain está cambiando el mundo de las finanzas, como veremos más adelante en este artículo.

Cómo funciona

Supongamos que David quiere enviarle dinero a Paul. Usando la tecnología blockchain, esta transacción se representaría en línea como un bloque. Este bloque se distribuiría a través de la red blockchain, que es un tipo especial de red peer-to-peer donde la carga de trabajo se divide entre los participantes en lugar de un servidor central.

Una vez que la red verifica que la transacción es válida, el bloque se agrega a la cadena y se reconcilia a través de la red, creando un registro permanente. El registro de David de propiedad del dinero luego pasa a Paul. En esencia, la tecnología ayuda a eliminar al intermediario, pero con total transparencia y privacidad.

Cómo funciona en el mundo real

Uno de los primeros usos de esta tecnología en el mundo real fue en criptografías como Bitcoin y Ethereum. Esto se debe a que la tecnología permite que la información digital sea distribuida y no copiada, lo que significa que cada dato puede tener un solo propietario, lo cual es fundamental para los pagos; de hecho, un libro maestro digital.

Cómo funciona Blockchain para Bitcoin

En 2008, alguien que usaba el seudónimo de Satoshi Nakamoto creó Bitcoin. Dado que la cadena de bloques de Bitcoin está descentralizada, no está controlada por una sola autoridad central, a diferencia de las monedas tradicionales emitidas por un banco central. En cambio, la cadena de bloques de Bitcoin es mantenida por una red de mineros (a veces llamados "nodos"). Estos nodos son computadoras personalizadas que resuelven problemas matemáticos complejos para realizar la transacción.

Imaginemos que David realiza una transacción con Bitcoin. Esta transacción se originaría en la billetera de moneda digital de David, que estará protegida por una clave privada. Esta clave no es más que una firma digital de David, que proporciona una prueba matemática de que la transacción proviene de esa billetera.

Si más personas realizan más transacciones, todas se agruparán en un bloque que se organizará mediante estrictas reglas criptográficas. Este bloque luego se enviará a la red Bitcoin y una vez validado se agregará a los bloques anteriores, creando así una cadena de bloques.

Aunque esto podría parecer una forma muy larga y complicada de realizar una transacción, tenga en cuenta que todas estas transacciones son transparentes y están listadas en el libro de contabilidad de Bitcoin (que puede buscar con un explorador de Bitcoin). Además, varias partes necesitan autenticar la transacción e incluso si una parte de la red colapsara, toda la red no colapsaría.

Cómo funciona Blockchain para Ethereum

Tras el bombo y el éxito de Bitcoin, varias otras empresas han comenzado a construir plataformas con cadenas de bloques que han sido más fáciles de usar en el mundo real y por las empresas. La segunda moneda digital más grande del mundo por valor, después de Bitcoin, es Ethereum. Es esencialmente una plataforma de blockchain que se especializa en contratos inteligentes y está vinculada a una moneda digital llamada "Ether".

La cadena de bloques de Ethereum es pública, al igual que la de Bitcoin, y permite a las personas crear aplicaciones descentralizadas en su plataforma, que se especializa en contratos inteligentes. Se trata de contratos que se ejecutan automáticamente cuando todas las partes interesadas cumplen determinadas condiciones. Este nivel de automatización ayuda a acelerar el proceso.

Cómo funciona la billetera

Una billetera blockchain no es más que un programa de software que permite a los usuarios comprar, vender y monitorear sus balances con monedas digitales como Bitcoin y Ethereum. Es importante tener en cuenta que una billetera blockchain no almacena criptomonedas. Simplemente mantiene un registro de todas las transacciones relacionadas con la moneda (sus claves públicas y privadas) y las almacena en la cadena de bloques.

Hay varios tipos de carteras de cadena de bloques

disponibles. Las carteras de hardware son dispositivos de hardware como memorias USB que almacenan claves privadas para un usuario. También hay carteras de software, como aplicaciones de escritorio, en línea y móviles, que almacenan claves privadas para las transacciones realizadas.

La tecnología Blockchain en sí, sus usos y los servicios que la rodean son un gran negocio. Es la razón por la que muchas grandes empresas están invirtiendo miles de millones de dólares en su desarrollo. Sin embargo, hay algunas acciones de blockchain que se destacan de otras.

Antes de profundizar en este tema, debe aprender más o mejorar su conocimiento de la tecnología blockchain y comprender mejor cómo usar blockchain.

Cómo invertir en blockchain

Para demostrar cuántos inversores están interesados en las acciones de blockchain, solo eche un vistazo a Riot Blockchain. Era una acción de un centavo que pasó de solo $ 8 por acción a $ 40 por acción en 2017 cuando cambiaron su nombre de Bioptix Inc a Riot Blockchain.

La empresa era fabricante de maquinaria de

diagnóstico para la industria biotecnológica. Después de cambiar su nombre y cambiar su marca para centrarse en la compra de activos de criptomonedas y blockchain, las acciones se han disparado debido a la exageración de los inversores. Con el tiempo, la empresa fue investigada por la Comisión de Bolsa y Valores.

Este es un ejemplo de por qué los inversores deben investigar antes de comprar el potencial de la tecnología blockchain. Sin embargo, hay algunas grandes empresas conocidas que están invirtiendo miles de millones en tecnología que todos los comerciantes deberían conocer.

Las 3 mejores acciones para 2020

Según un informe del Foro Económico Mundial, alrededor del 10% del producto interno bruto (PIB) mundial probablemente se almacenará en bloques para 2027. Las empresas a la vanguardia en la prestación de servicios basados en blockchain estarán en la parte superior de las listas de inversores 2020 y mucho más allá. A continuación, puede encontrar una lista de solo 3 acciones que pueden ayudarlo a comenzar y comprender cómo invertir en blockchain, y que la mayoría de los inversores pueden encontrar interesantes para 2020 y después.

IBM

IBM es uno de los líderes en el desarrollo de tecnología blockchain. La empresa cuenta con el apoyo de más de 1.500 expertos de la industria, que participan en más de 500 proyectos de blockchain. Uno de esos proyectos es la plataforma IBM Food Trust que se lanzó con Walmart en 2018. El objetivo era mejorar los procesos de seguridad alimentaria a través de una cadena de bloques integrada del lado del suministro.

Según Forbes, IBM "puede ser la más grande y exitosa de las empresas de blockchain". Una razón es que la compañía ayudó a crear Hyperledger Fabric, luego de donar 44,000 líneas de código al proyecto que formó el núcleo de una nueva cadena de bloques con velocidades más rápidas y mayor privacidad. Hyperledger Fabric es el estándar de oro para proyectos empresariales de blockchain.

Durante los últimos siete años, el precio de las acciones de IBM ha sufrido por la falta de innovación de sus contrapartes como Microsoft y Apple. Sin embargo, está firmemente en el corazón del desarrollo de blockchain, y los inversores estarán atentos a las señales que ayuden a lograr los resultados finales de la empresa y marcar un cambio en la fortuna del precio de sus acciones.

En el gráfico mensual a largo plazo del precio de las acciones de IBM, es evidente la tendencia a la baja desde mediados de 2013 hasta finales de 2018. La pandemia de coronavirus ha hecho sentir sus efectos, pero IBM parece estar recuperándose y los inversores ahora estarán interesados en ver si el precio de las acciones de IBM logrará aumentar su impulso durante 2020. La tecnología Blockchain es nueva, pero ayuda a estar en el corazón de su desarrollo.

Alibaba

Alibaba es la empresa de tecnología y comercio electrónico más grande de China. En noviembre, Ant Financial, el brazo de tecnología financiera del Grupo Alibaba, lanzó la fase de prueba para su red blockchain destinada a apoyar a las pequeñas y medianas empresas.

El grupo también ha iniciado una asociación con el gobierno chino para el uso de blockchains en el sector de la salud. El gobierno chino ya ha anunciado que quiere ser un líder mundial en tecnología blockchain, y Alibaba parece estar listo para aprovechar esto, ya que no solo ha construido una gran biblioteca de patentes blockchain, sino que ya está utilizando la tecnología en su subsidiaria y e- comercio Lynx y T-Mall, ganando una ventaja práctica y real.

En el gráfico semanal a largo plazo del precio de las acciones de Alibaba, está claro que la compañía lo ha hecho bien, incluso antes de sobresalir en la adopción de la tecnología blockchain. El éxito de su plataforma de comercio electrónico ofrece un gran apoyo a los inversores que aún desconfían del potencial de blockchain. La pandemia de coronavirus, por otro lado, parece haber favorecido a Alibaba gracias al aumento de pedidos en línea como resultado; combinado con el éxito en ambas áreas, podría ser un poderoso impulsor del precio de las acciones de Alibaba a lo largo de 2020 y posteriormente.

tarjeta MasterCard

Mastercard ocupa el tercer lugar en el mundo entre los mejores innovadores de blockchain con más de 100 patentes de blockchain presentadas. El avance de la compañía en la tecnología blockchain es interesante ya que la tecnología en sí está diseñada para hacer obsoletos a los intermediarios centralizados.

Sin embargo, la empresa está utilizando la tecnología

para reducir los costos de transacción y aumentar la protección contra el fraude. Con más de $ 21 mil millones en pérdidas por fraude sufridas por los bancos en 2015, existe una gran ventaja en el uso de tecnología que permite transparencia y privacidad al mismo tiempo, además de su inmutabilidad.

La forma en que Mastercard ha abordado la tecnología blockchain es evidente en una empresa innovadora y con visión de futuro que complacerá a los accionistas e inversores.

El gráfico mensual a largo plazo del precio de las acciones de Mastercard muestra una tendencia alcista muy impresionante. El precio de la acción se cotiza a un alto nivel, y lo ha estado haciendo desde 2006. La forma en que la compañía se ha adaptado a esta nueva tecnología que amenaza partes de su negocio podría significar que la tendencia alcista llegó para quedarse.

CAPÍTULO DOS
ICO

Cualquiera que tenga la más mínima familiaridad con el mundo de las criptomonedas, al menos una vez ha oído hablar de las ICO (Oferta Inicial de Monedas).

Se trata de un recaudador de fondos destinado a recaudar recursos económicos para aquellas start-ups que desarrollan proyectos en el campo blockchain. Las ICO explotaron en 2017 solo para tener una gran caída en 2018.

Por el momento, casi parecen haber sido reemplazados por IEO.

Actualmente, ya no es posible invertir directamente en ICO.

Para comprender mejor qué son las ICO, solo piense que es el acrónimo de Oferta inicial de monedas.

Su funcionamiento no difiere mucho de las OPI que se realizan en el mercado de valores y tienen el mismo propósito.

Una start-up que opera en blockchain, de hecho, decide

dar el gran paso al cotizar en bolsa o abrirse a los inversores.

Las ICOs permitieron obtener los fondos necesarios para continuar con sus proyectos. Sin embargo, a diferencia de una campaña de crowdfunding habitual, las ICO ofrecían a los inversores una ventaja real.

Los inversores, de hecho, fueron recompensados con tokens. Como veremos, se trata de unidades de criptomonedas emitidas por la puesta en marcha y entregadas como recompensa a los inversores durante la ICO.

De esta forma la start-up recibe fondos y los inversores, en cambio, reciben tokens que, de concretarse el proyecto de la empresa financiada, valdrán mucho más de lo que se pagó.

Obviamente, la ventaja de las ICO radicaba en el hecho de que, si se podía evaluar bien una puesta en marcha, las ganancias que se podían obtener eran enormes.

Diferencias entre IPO e ICO

Entremos en más detalles, recordando otras diferencias importantes entre IPO e ICO.

El principal tiene que ver con el hecho de que, en las ICO, a diferencia de lo que ocurre con las OPI, la empresa que inicia la captación de fondos no está obligada a cumplir criterios particulares.

Prácticamente cualquiera puede abrir una recaudación de fondos para un proyecto relacionado con blockchain.

Advertencia: esto no significa que todas las ICO estén destinadas al éxito. Muchos de ellos, de hecho, comienzan y fallan después de poco tiempo.

La falta de una regulación adecuada de las ICO ha provocado su declive. Hasta la fecha, de hecho, ya no es posible participar en estas colecciones.

Alternativas a las ICO

Normalmente, cuando se lanzaba una ICO, los participantes eran recompensados con tokens o criptomonedas.

Conceptualmente, la ICO es muy similar a la OPI del mundo de la renta variable. Todo, sin embargo, tiene lugar en la cadena de bloques de manera descentralizada.

La mayoría de las personas que querían ganar dinero

con las ICO entendieron hoy que la mejor manera sigue siendo especular con monedas virtuales.

Hoy, cuando esta herramienta ya no está disponible, muchos inversores han comprendido el principio básico y han encontrado una forma alternativa de ganar con las criptomonedas emergentes.

Cómo invertir en ICO: libros blancos

Todo lo relacionado con invertir en ICO era extremadamente complejo.

Al acercarse a las criptomonedas emergentes en general, de hecho, es necesario, como ya se mencionó, recordar que no todos los proyectos son válidos.

En cualquier caso, es bueno especificar que las protecciones existían y aún existen.

De hecho, cada ICO tenía que presentar un prospecto específico, técnicamente conocido como WhitePaper.

En aras de la exhaustividad, hay que recordar que los Libros Blancos no están sujetos al control de organismos externos.

A la luz de este aspecto, no es raro que resalten sobre todo los aspectos positivos y ventajosos del proyecto. Por eso el sector se ha cerrado al público de los comerciantes minoristas.

Fundamentalmente, a pesar de todo, era vital que lo leyera detenidamente antes de unirse a cualquier ICO.

Había algunos aspectos a los que prestar especial atención al leer el Libro Blanco de una ICO y que pueden ayudarlo, hoy, a comprender cómo evaluar una criptomoneda joven.

En esta categoría, es posible incluir información sobre las personas detrás del proyecto (experiencias previas en otros proyectos similares en primer lugar), pero también todo lo relacionado con la competencia.

ICO recompensa los tokens

En las líneas anteriores mencionamos que, al participar en una ICO, era posible ser recompensado de diferentes formas. Uno de ellos es la distribución de tokens.

Estos son "tokens" que, en el caso de las ICO en el mundo de las criptomonedas, corresponden a una cierta cantidad de la criptomoneda futura.

Profundizando, también encontramos diferentes tipos de tokens:

Tokens de equidad

Estos tokens son similares a las acciones de empresas que cotizan en mercados regulados. Quien los posea puede reclamar un derecho sobre la puesta en marcha que los emitió. En este momento, este tipo de token no se puede emitir por razones de legalidad. La legislación actual, de hecho, asimila los tokens de acciones a las acciones.

Fichas de utilidad: en este caso se trata de fichas que nada tienen que ver con el mundo de las acciones. Esto significa que pueden negociarse en los mercados y utilizarse en las distintas plataformas.

¿Quiere ganar dinero con las criptomonedas, pero no sabe por dónde empezar o está confundido con toda la información que encuentra en la red?

Un paréntesis muy importante a la hora de hablar de lo que son las ICO se refiere al análisis de la normativa.

Token clase 2 a

Los tokens de clase 2 a son representativos de activos y le dan derecho a un pago específico tanto a la vista como en el futuro.

Dependiendo de su configuración, el token puede clasificarse en el contexto de valores, pero también en el de instrumentos similares o financieros.

Además, el token de clase 2 a puede incluirse en la categoría de instrumentos de patrimonio

Token clase 2 b

Antes que nada, recuerda que, en este caso, estamos ante tokens destinados a prestar servicios o recibir activos intangibles.

Ocurre que la disciplina del ICO pierde todas las connotaciones de la oferta de instrumentos financieros. En la práctica, en la fase inicial del ICO, se destacan varias ventajas, dedicadas a los usuarios que adquieren los tokens primero.

Token clase 3

Se trata de tokens que confieren derechos de copropiedad. Los derechos antes mencionados son gestionados por las propias plataformas.

En estas situaciones, el propietario recibe una compensación económica por el uso de las plataformas por parte de un tercero.

Detención de las ICO con el comercio en línea

El cese de las inversiones en ICO se produjo en septiembre de 2017. La decisión del Banco Popular de China de cerrar el mercado de ICO en China ha provocado una reacción en cadena.

Las principales autoridades financieras de todo el mundo han hecho todo lo posible para emitir regulaciones industriales estrictas. Entre estos también la ESMA (Autoridad Europea de Seguridad y Mercados), con dos comunicados de prensa de noviembre de 2017.

No nos malinterpretes, las ICO no se han convertido en completamente ilegales. Sin embargo, ha habido muchos en los años siguientes, pero la política de prevención de riesgos en el comercio en línea los ha hecho inaccesibles para los comerciantes minoristas como usted.

Invertir en ICO hoy en día ya no es seguro, ya que es una posibilidad que ya no le ofrecen las principales plataformas de comercio en línea.

ICO exitoso

Para comprender completamente las peculiaridades de las ICO, es apropiado cuestionar algunos ejemplos exitosos.

Empecemos por el de Ethereum. Para ello, tenemos que

dar un paso atrás hasta 2013. En ese año, el muy joven VitalikButerin lanzó una ICO de 42 días, con el objetivo de financiar el proyecto Ethereum.

¿Cuáles fueron los resultados? Una ganancia de 31.591 Bitcoins, correspondiente a aproximadamente 18 millones de dólares estadounidenses.

En 2018, también se lanzaron otros exitosos. Entre estos, cabe recordar el proyecto Cypherium, promovido y realizado por profesionales con experiencia en Amazon, Google y Microsoft.

En este caso, estamos ante un proyecto que tiene como objetivo una cadena de bloques completamente nueva. En concreto, estamos ante una gobernanza multinivel que, según algunos, podría conducir a una nueva descentralización en el mundo de las criptomonedas.

Mencionar, cuando se habla de las ICO exitosas de los últimos tiempos, también es el proyecto LociCoin.

¿De qué se trata? Una ICO lanzada con el objetivo de crear una criptomoneda para la compra de derechos intelectuales.

El proyecto en cuestión tiene como objetivo agilizar el proceso de adquisición de patentes, que ahora están sujetas a normas tanto nacionales como internacionales que suelen ser excesivamente rígidas.

Las ICO más exitosas: ¿cuánto recaudaron?

Para que comprenda cuánto dinero se ha invertido en ICO, eche un vistazo a algunos de ellos:

Telegram Open Network - $ 1.7 mil millones;

Dragon Coin - $ 320 millones;

Huobi: $ 300 millones;

HDac - $ 258 millones;

Filecoin: $ 257 millones;

Tezos: 232 millones de dólares;

Sirin Labs: 157,9 millones de dólares;

Bancor - $ 152 millones.

¡La lista podría seguir y seguir!

Nos limitaremos a mencionar el ejemplo de CoinLancer, un proyecto que tiene como objetivo mejorar el mundo freelance bajando las tarifas de transacción.

Concluimos hablando de Omega One, un proyecto que pretende solucionar los defectos de las ICO, interviniendo en problemas como la falta de liquidez y los ataques de los piratas informáticos.

CAPÍTULO TRES
IEO

Qué es un IEO

Una oferta de intercambio inicial (IEO) es una venta de tokens supervisada por un intercambio de criptomonedas. Los IEO están disponibles exclusivamente para usuarios de intercambio, aunque algunos IEO pueden ocurrir en algunos intercambios. Al igual que las ICO, las IEO permiten a los inversores obtener nuevas criptomonedas (o tokens) mientras recaudan fondos para proyectos criptográficos prometedores.

Muchas personas en el mundo de las criptomonedas llaman a las Ofertas de Intercambio Iniciales el siguiente paso en la evolución de las ICO. Dado que las ICO no están reguladas y la mayoría de ellas resultaron ser estafas, las STO deberían haber resuelto el problema. Sin embargo, la mayoría de las STO siguen limitadas por procesos lentos y costosos y regulaciones sofocantes. Los IEO son el término medio que aborda los problemas de ambos lados.

Aunque las ICO asistidas por intercambio han valido la pena durante algún tiempo, las IEO comenzaron a ganar terreno después del lanzamiento de Binance Launchpad a fines de 2018. Ya ha habido más de 50 IEO en 2019, que han recaudado más de $ 159 millones, según ICObench.

Las OEI intentan promover solo proyectos legítimos porque desafían la credibilidad deel intercambio en sí. Por tanto, el proceso de control es más profundo. Sin embargo, no todas las ideas consiguen el apoyo de un intercambio. Además, las ofertas de intercambio son más accesibles que las STO, ya que permiten que casi cualquier persona participe e invierta (excepto en países con restricciones regulatorias, ver más abajo), y es menos probable que el equipo de ventas de tokens se vea afectado por los legisladores debido al KYC obligatorio / Control ALD de inversionistas, ya que este servicio lo realiza la bolsa.

Básicamente, el IEO es otra forma de financiación colectiva para varias nuevas empresas de criptomonedas a través de un intercambio de criptomonedas que actúa como corredor. Con la ayuda del intercambio de cifrado, los proyectos pueden obtener una exposición, interés y credibilidad significativamente mayores.

Después de una fase inicial con una IEO exitosa, el emisor de tokens paga una comisión debido a la cantidad establecida de tokens por hacer uso de los servicios ofrecidos por la plataforma IEO. Rápidamente, los tokens se enumeran en el intercambio donde los inversores pueden acceder a liquidez instantánea.

Características de las ofertas de intercambio inicial (IEO)

Al igual que con las ICO, las IEO tienen una cantidad limitada de monedas ofrecidas a un precio fijo, límites en la cantidad mínima y máxima de tokens que el usuario individual puede comprar, tapas blandas y tapas duras y las criptomonedas específicas que se aceptan.

Sin embargo, a diferencia de los tokens ICO, las monedas IEO ya se extraen antes de la venta colectiva. Además, ingresan a las bolsas varios días o semanas después de su IEO, lo que lo hace más conveniente para los inversores (liquidez inmediata). Además, el proceso de IEO naturalmente involucra a un intermediario (la plataforma IEO) en quien se confía para administrar los fondos. Esto también sirve para aumentar la confianza de los inversores, que falta en la mayoría de las ICO.

Pros y contras de las IEO

Los IEO son esencialmente ventajosos gracias a:

mayor confianza de los inversores.

De hecho, los inversores no están tratando directamente con el equipo del proyecto de IEO, sino con el intercambio. Esto hace que todo el proceso sea más creíble y seguro en caso de que las cosas salgan mal;

seguridad tanto para los emisores de tokens como para los inversores.

Los emisores de tokens también se benefician a medida que las plataformas de IEO manejan todos los aspectos regulatorios, como los controles obligatorios de KYC / AML para cada participante;

proceso sin fricción.

Las plataformas IEO garantizan que casi cualquier persona, independientemente de su experiencia en el mundo de las criptomonedas, pueda contribuir fácilmente;

listado de intercambio garantizado. Los tokens de IEO

se enumeran en el intercambio de IEO justo después del IEO;

eliminación de estafas.

Los equipos de proyectos de IEO no son anónimos ni falsos, por lo que no desaparecerán después de recaudar los fondos;

beneficios para los proyectos, tales como mayor esfuerzo de marketing por parte del intercambio, más credibilidad, más exposición e interés en el proyecto;

beneficios para el intercambio, incluidos los nuevos usuarios que se registran con ellos solo para comprar e intercambiar tokens IEO;

beneficios para los poseedores de tokens de intercambio nativos.

La mayoría de los intercambios usan IEO para agregar otro caso de uso a su token nativo (si tiene uno) que es probable que aumente de valor.

Sin embargo, los IEO también están sujetos a los siguientes riesgos y preocupaciones:

regulaciones y restricciones poco claras.

Muchos países han emitido restricciones o prohibido

por completo las ICO, lo que también podría repercutir negativamente en las IEO. Aunque es ligeramente diferente, los principios fundamentales de una IEO siguen siendo los mismos;

todos los inversores deben cumplir con AML / KYC.

Se sabe que la comunidad criptográfica está llena de personas obsesionadas con la privacidad, por lo que pasar por el proceso AML / KYC podría ser un gran no-no para algunos de ellos;

manipulación del mercado y concentración de monedas.

La mayoría de los tokens de IEO se extraen temprano, por lo que siempre debe verificar los detalles de distribución y asignación de tokens antes de invertir. Tanto el equipo del proyecto como el intercambio de IEO podrían quedarse con una parte irrazonablemente grande de los tokens para sí mismos, lo que podría llevar a una intromisión de precios más adelante. Además, ahora se sabe que la mayoría de las bolsas participan en el "comercio de lavado";

número limitado de inversores.

Ha habido muchas quejas de los inversores de que no todos pueden comprar tokens durante las sesiones de

IEO.

El primer IEO a gran escala fue el famoso de BitTorrent lanzado por TRON a través de Binance Launchpad en enero de 2019. Se vendieron alrededor de 60 mil millones de tokens BTT en unos pocos minutos por un total de aproximadamente 7.2 millones de dólares.

Después de observar el éxito de los IEO de Binance, los principales intercambios han comenzado a copiar el modelo. Otro IEO notable se lanzó en Bittrex International. Veriblock (VBK) y recaudó $ 7 millones en 10,4 segundos. Más tarde, este récord fue superado por IEO Blockcloud operado en Jumpstart de OKEx, que vendió todos los $ 2.5 millones en tokens BLOC en solo un segundo.

CAPÍTULO CUATRO TOKEN DIGITAL

Un token es un conjunto de información digital dentro de una cadena de bloques que confiere un derecho sobre un tema en particular, la tokenización es la conversión de los derechos de un activo en un token digital registrado en una cadena de bloques.

Una de las palabras que se repiten con más frecuencia cuando se habla de la nueva economía y blockchain es sin duda la de token. Sin embargo, no todo el mundo sabe que se pueden atribuir dos significados distintos y muchas peculiaridades al término token, según el contexto en el que se utilice este término.

El Token en Criptomonedas

Evidentemente, el sector al que se hace referencia para atribuir un primer significado de token es el de las criptomonedas, de hecho partiendo del supuesto de que una criptomoneda es un “dinero electrónico” (aunque aquí el significado de moneda ciertamente debería profundizarse, pero solo para simplificar, se define como tal) basado en blockchain u otro libro mayor distribuido, ciertamente podemos decir que cada una de estas criptomonedas (Bitcoin, Ethereum, etc.) tiene su propio registro de transacciones en el que se almacenan los intercambios. Los tokens son, de hecho, fracciones de una criptomoneda emitida, que se intercambian entre usuarios a través de intercambios que se almacenan en el registro mencionado anteriormente. Para simplificar, este tipo de "token" debe definirse como "moneda",

De hecho, existe otro tipo de "token" también llamado token, que, a diferencia de los mencionados anteriormente, no tiene registro propio, sino que utiliza el registro de otra moneda. Por ejemplo, a través de los contratos inteligentes de Ethereum, cualquiera puede emitir sus propios tokens, incluso con una ICO (oferta inicial de monedas) y registrar las transacciones relacionadas con ese token en la cadena de bloques de Ethereum en lugar de crear necesariamente las suyas propias. Estos "tokens" adquieren la denominación de token única.

Por lo tanto, el token tiene las mismas características que la criptomoneda (seguridad y transferibilidad no censurable) pero no es "nativo" y, sobre todo, "interno" a la cadena de bloques en la que se almacenan las transacciones que le conciernen, sino que representa el gemelo digital de un activo real, un derecho "real", pero que existe fuera del sistema blockchain.

Una diferencia adicional se expresa en el hecho de que la emisión de tokens (tokens que no tienen su propia cadena de bloques) no es particularmente complicada: esencialmente es suficiente escribir un contrato inteligente en la red principal de otra moneda, por ejemplo, la red Ethereum. La creación de una nueva moneda, en cambio, es un proceso mucho más complejo, ya que es necesario desarrollar un nuevo protocolo, crear la mainnet, asegurarse de tener un hardware lo suficientemente potente para hacerla "correr" y sobre todo esperando que alguien lo use.

Con la esperanza de haber aclarado esta primera diferencia y centrado la atención en el término token concebido como un token creado utilizando una cadena de bloques de una moneda existente, ciertamente podemos decir que un token es un conjunto de información digital dentro de una cadena de bloques que confiere un derecho a un determinado. tema. En consecuencia, la tokenización es la conversión de los derechos de un activo en un token digital registrado en una cadena de bloques, donde el activo real y el token están conectados por un contrato inteligente. Por lo tanto, tokenizar significa generar un token en el mundo virtual y conectarlo a un activo existente en el mundo real mediante el uso de contratos inteligentes.

¿Qué es "tokenizable"?

Teóricamente, cualquier cosa puede ser tokenizable, tanto que en un futuro no muy lejano esperamos y esperamos una revolución real comparable a lo que fue el advenimiento de internet en nuestra sociedad: de hecho, el blockchain promete revolucionar no solo todos los aspectos directamente vinculados. a las finanzas, pero también a los servicios públicos y civiles. Es probable que pronto vivamos en una economía completamente tokenizada, donde cada forma de almacenamiento de valor y registro público estará representada por un token.

Actualmente, varios sectores están experimentando con la tokenización, que ya se ha implementado no solo en el sector inmobiliario (con condominios de lujo habilitados para tokenización en Ethereum) sino también en sectores como obras de arte y deportes. La fuerza de la tokenización de un activo radica en el hecho de que es posible convertir los activos líquidos de otro modo indivisibles, gestionar los activos enyesados por una burocracia excesiva mediante la implementación concreta del concepto de "democratización" de la participación. No solo eso, es posible digitalizar cualquier cosa aprovechando la flexibilidad y seguridad del token para implementar una serie de iniciativas comerciales previamente impensables. En el sector inmobiliario, por ejemplo, La compra de una pequeña fracción de un inmueble también permite a los pequeños inversores entrar en un mercado que suele estar cerrado para ellos, sin recurrir a hipotecas e intermediarios de entidades de crédito. Para los fabricantes, la ventaja de este tipo de financiación es ofrecer mayor flexibilidad y entradas de capital en el corto plazo.

Mismo concepto para la tokenización de algunas obras de arte, donde los participantes en subastas especiales recibieron acciones digitales de la obra. También en el mundo del deporte, algunas empresas han decidido gestionar las decisiones comerciales a través de plataformas descentralizadas que permiten la venta de acciones y derechos a aficionados de todo el mundo de forma rápida y segura, dando a los aficionados la ventaja de poder acceder a contenidos y servicios exclusivos.

En otros sectores, sus productos están siendo

tokenizados creando recompensas especiales que consisten en tokens para incentivar las compras y retener clientes.

Token, bolsa y economía circular

El uso de tokens informáticos también es muy útil en el sector bursátil. Ya existen proyectos de tokenización de “bolsas de valores” con el desarrollo de plataformas descentralizadas, o infraestructuras para el intercambio de acciones, protegiéndolas así de manipulaciones distintas a las “naturales” del mercado. Para incentivar proyectos de este tipo, se ha comenzado a evaluar la tokenización de acciones de empresas.

Otro aspecto fundamental de la tokenización es la predisposición absoluta de esta revolución a la creación de una economía circular. Ahora se sabe que el modelo económico lineal “producción-consumo-desperdicio” que se basa en el uso de grandes cantidades de recursos y energía con relativo desperdicio de materiales que pueden ser fácilmente puestos nuevamente en circulación, está cada vez menos en línea con realidad actual, y necesariamente tendrá que transformarse en una economía capaz de poder auto-regenerarse, y el uso de tokens y el proceso de tokenización representa el uso perfecto del caso.

CAPÍTULO CINCO
COMIENCE A INVERTIR EN CRIPTOMONEDAS

Durante varios años, las monedas virtuales como Bitcoin han sido reconocidas como un vehículo de inversión esencial y muy atractivo para los inversores.

La volatilidad de las criptomonedas ofrece a los comerciantes numerosas oportunidades comerciales. Por lo tanto, las monedas digitales se han vuelto cada vez más populares en las estrategias comerciales para diversificar su cartera de inversiones.

Hoy, en 2020, hay dos formas de invertir en criptomonedas:

comprar criptomonedas en una plataforma de intercambio para mantenerlas en una billetera de criptomonedas en línea o fuera de línea;

negociar estos activos financieros a través de CFD directamente en una plataforma de negociación

Comercio de criptomonedas y estrategias de comercio de criptomonedas.

Pero, ¿qué diferencia exactamente a un comerciante de criptomonedas exitoso de otros inversores?

Y lo que es más importante, ¿cómo debe prepararse para enfrentarse a estos mercados financieros y convertirse en un comerciante de criptomonedas exitoso?

Invertir en criptomonedas

¿Qué es una criptomoneda?

A pesar de ser un fenómeno global, las criptomonedas a veces son difíciles de entender, sin embargo, su definición es relativamente simple.

Una criptomoneda es una moneda digital 100% totalmente descentralizada que solo se negocia en pares. Todas las transacciones de criptomonedas validadas se registran en lo que se llama blockchain.

El principio de una criptomoneda es proporcionar una alternativa monetaria para las personas que buscan recuperar el control de su dinero convirtiéndose en su propio banco. Algunas propiedades de las criptomonedas son revolucionarias.

Entre las características de estas monedas 2.0, la

descentralización y los intercambios peer-to-peer permiten a sus usuarios no confiar su dinero a los bancos y realizar transacciones sin intermediarios.

Por lo tanto, los organismos centrales ya no tienen el control del cambio en la oferta monetaria (inflación frente a deflación). Además, no pueden rechazar o cancelar una transacción o bloquear fondos, ya que no tienen poder sobre las criptomonedas.

Invertir en criptomonedas con CFD

A diferencia de las plataformas de intercambio de criptomonedas que le permiten cambiar sus dólares por criptomonedas y luego mantenerlos todo el tiempo que desee en su billetera virtual, los beneficios de invertir en criptomonedas con CFD son mayores, especialmente para aquellos que desean aprovechar los rápidos cambios de precios.

CFD son las siglas de "Contract For Difference" y es un tipo de producto derivado. Por tanto, es un instrumento financiero cuya valoración depende de otro instrumento llamado "subyacente".

Con un CFD, nunca es propietario del instrumento subyacente, ya que solo está invirtiendo en el cambio de precio entre la apertura y el cierre del contrato.

Ventajas de operar con criptomonedas a través de CFD

Inversiones alcistas y bajistas: puede ganar dinero a medida que los precios de las criptomonedas suben y bajan

Apalancamiento: aproveche el margen y el apalancamiento que aumentan la exposición al mercado

Alta volatilidad: maximiza la volatilidad del mercado de criptomonedas.

Mejor liquidez: obtenga mejores precios y tiempos de ejecución más cortos que le permitan aumentar el rendimiento a través de una mejor liquidez

Reducción del riesgo de pérdida, robo y ciberataques relacionados con el almacenamiento de sus criptomonedas en una billetera, ya que no tiene tokens que usen CFD

Horarios de negociación flexibles: opere en un mercado de 24 horas

Entorno regulado y seguro: benefíciese de un entorno empresarial seguro y regulado con protecciones como operador privado, como la protección de saldo negativo

Se requiere un capital inicial bajo: comience a operar con CFD de criptomonedas con un capital relativamente bajo

Desventajas de operar con criptomonedas con CFD

En realidad, no posee criptomonedas: no tiene criptomonedas ya que utiliza CFD sobre criptomonedas

Apalancamiento: necesita dominar el apalancamiento. Los traders se arriesgan a perder su depósito más rápido cuando utilizan el apalancamiento, así que úselo con precaución

Alta volatilidad: la volatilidad de los precios de las criptomonedas es alta. Es por esta razón que debemos comprender el concepto de volatilidad e integrarlo en un plan de negociación riguroso.

Características de las criptomonedas virtuales

No hay monedas ni billetes. Todo está en Internet y en computadoras.

Como cualquier otra moneda, una criptomoneda se puede utilizar para realizar compras cuando es aceptada por los comerciantes, para enviar dinero a alguien, para recibir dinero, etc.

Descentralizado

No hay ningún gobierno o país que controle las criptomonedas a diferencia de las monedas tradicionales.

La oferta monetaria total de una criptomoneda suele ser limitada. En este caso, se determina en el momento de la creación de la criptomoneda y se indica en su documento técnico. Por ejemplo, no se espera que la oferta monetaria bitcoin supere los 21 millones de tokens BTC.

Sin intermediarios

Para ejecutar una transacción con una criptomoneda, no es necesario utilizar un tercero de confianza como un banco u otro intermediario para validarla. Las transacciones se realizan de forma peer-to-peer a través de billeteras electrónicas que se realizan en aplicaciones para comprar criptomonedas, sitios web o incluso plataformas de intercambio.

Basado en blockchain

Monedas tradicionales bajo el control de los bancos centrales como la Fed (Reserva Federal) para el dólar estadounidense (USD) o el BCE (Banco Central Europeo) para el euro (EUR).

En el caso de las criptomonedas, todas las

transacciones se realizan en la cadena de bloques, que actúa como un libro contable grande, transparente y a prueba de manipulaciones.

Cifrado

El término "criptomoneda" proviene del principio de que es una moneda cifrada. Solo puede ser utilizado por la persona con el código de descifrado que permite, por ejemplo, el uso de criptomonedas en una billetera.

Seguro

Dado que los fondos utilizan un sistema criptográfico avanzado con una combinación de claves públicas / privadas, sus fondos están seguros. Además, los bloques que pertenecen a la cadena de bloques (los que agrupan todas las transacciones validadas) están vinculados mediante complejas fórmulas informáticas que evitan cualquier manipulación de datos.

Rápido

Validar la transacción blockchain es mucho más rápido que la mayoría de los operadores tradicionales, como Visa o SWIFT. Algunas transacciones se validan casi al instante.

Irreversible

Una vez que se confirma una transacción que involucra criptomonedas, ya no es posible retirarla. Por lo tanto, es imposible cancelar una transacción si una transferencia de criptomonedas ha fallado o sus tokens han sido robados.

(Pseudo) Anónimo

Dependiendo de la criptomoneda que uses, podrás disfrutar de un mayor o menor grado de anonimato.

Incluso si recibe criptomonedas en direcciones cifradas que no reflejan directamente su identidad en el mundo real, una vez que comparte esta dirección con alguien para recibir fondos, esa persona puede ver todos los movimientos que tienen lugar en esa dirección.

CAPÍTULO SEIS INVERTIR EN CRIPTOMONEDAS CON ÉXITO

El éxito en el comercio puede adquirir diferentes significados para cada operador que haya decidido invertir en criptomonedas.

Para algunos, tener éxito podría significar obtener ganancias en una cuenta comercial real o operaciones de demostración a partir del gráfico de 30 minutos. Para otros, podría significar obtener ganancias de una posición corta en CFD de criptomonedas. Sin embargo, en última instancia, lo más probable es que el éxito se reduzca a un rendimiento rentable del capital que todos han invertido y, por lo tanto, expuestos a riesgos.

Por supuesto, como con cualquier otro negocio, las herramientas que utilizamos tendrán un impacto en nuestro éxito general. Después de todo, nadie quiere pasar mucho tiempo investigando y analizando una oportunidad comercial con una alta probabilidad de éxito, solo para terminar con una plataforma que no responde o sufre problemas técnicos que le impiden completar la estrategia.

Estas son algunas de las herramientas fundamentales para aumentar las probabilidades de éxito a largo plazo como comerciante de criptomonedas.

Elija un corredor de confianza

Quienes decidan comprar físicamente una criptomoneda deberán hacerlo a través de un sistema de intercambio de criptomonedas. A menudo, estas son entidades no reguladas que son propensas a los ataques. Por ejemplo:

En 2018, Coincheck de Japón fue pirateado y se robaron más de $ 500 millones en moneda digital.

En 2017, Youbit, una bolsa de valores de Corea del Sur, tuvo que cerrar y declararse en quiebra después de haber sido pirateada dos veces.

En 2014, MtGox, un intercambio japonés que manejaba casi el 80% de todas las transacciones globales de Bitcoin, cerró después de que 850,000 Bitcoins desaparecieran de sus bóvedas virtuales (con un valor de alrededor de 500 millones de dólares en ese momento).

Incluso cuando se trata de CFD, el corredor con el que decide invertir en criptomonedas tiene el capital con el que luego tendrá que operar. Por lo tanto, es importante elegir una entidad que ofrezca la mayor supervisión, seguridad y garantía regulatorias posibles.

La plataforma comercial

Su plataforma de operaciones y gráficos lo ayudan a visualizar los movimientos históricos de precios del instrumento financiero que está operando, así como también le proporcionan las órdenes que necesita para colocar y administrar sus operaciones. Algunas personas pueden tener una plataforma de gráficos separada de su plataforma de corretaje. Sin embargo, con la nueva y avanzada tecnología comercial, ahora es posible tener la plataforma comercial y la plataforma de corretaje en un software con el paquete de productos MetaTrader.

La estrategia comercial

El comercio consiste en tomar decisiones sobre cómo comprar, vender o permanecer inactivo en un mercado en particular. Si un comerciante ha tenido éxito durante un período de tiempo considerable, habrá una mayor probabilidad de que esté utilizando una estrategia o metodología comercial para ayudar en la toma de decisiones. Las estrategias de negociación se utilizan para ayudar a simplificar el proceso de información, que puede incluir cuándo negociar y cuándo no, en qué momentos centrarse, qué indicadores técnicos utilizar, cómo entrar y salir, etc.

Por supuesto, las herramientas utilizadas dependerán del estilo de trading de cada uno. Esto es lo primero que hay que establecer al comenzar a invertir en criptomonedas. Después de todo, si su objetivo es negociar CFD de criptomonedas del gráfico horario, lo que implica múltiples compras y ventas a lo largo del día para obtener ganancias a corto plazo y cerrar posiciones al final del día, usar un gráfico semanal a largo plazo para el análisis de precios solo puede demuestran ser de poca utilidad.

Los estilos de negociación generalmente incorporan uno o ambos tipos de análisis:

Análisis técnico. Este tipo de análisis implica analizar el movimiento de precios de los productos financieros, en este caso de las criptomonedas, para identificar patrones de comportamiento repetibles. Muchos comerciantes utilizan indicadores técnicos aplicados a las criptomonedas para encontrar pistas y niveles de precios en los que el mercado puede moverse.

Análisis fundamental. Se trata de analizar anuncios de noticias relacionados con productos financieros y, en este caso, con las criptomonedas, como los nuevos desarrollos y usos de la tecnología detrás de las criptomonedas, a saber, la cadena de bloques.

También hay tipos de eventos que están relacionados de forma única con las criptomonedas, un ejemplo es el "halving", que exploraremos más adelante.

Estos son algunos estilos de negociación que puede aplicar para invertir en criptomonedas:

Día de cambio

Este estilo implica comprar y vender en varias posiciones comerciales varias veces al día, a menudo cerrando todas las operaciones al final del día. Los operadores que utilizan este estilo se basan principalmente en herramientas de análisis técnico, como indicadores comerciales y patrones de gráficos, en sus decisiones comerciales. Merece la pena invertir en criptomonedas cuando se utiliza este tipo de estilo de negociación, ya que los operadores intradías necesitan operar con las herramientas adecuadas para beneficiarse de diferentes tipos de condiciones de mercado, como mercados en alza y en baja;

Comercio swing

Este estilo implica la compra y venta de activos financieros con el fin de mantener operaciones durante varios días y, en algunos casos, varias semanas. Los operadores que utilizan este estilo de negociación a menudo utilizan una combinación de análisis técnico y análisis fundamental, como el análisis de nuevos desarrollos en la tecnología de criptomonedas "blockchain", para ayudar en sus decisiones comerciales.

CAPÍTULO SIETE CÓMO COMERCIAR CRIPTOMONEDAS

Algunos pasos para facilitar el proceso

Trabaje en su plan comercial

En primer lugar, es importante saber qué tipo de comerciante es usted para confirmar que los CFD de criptomonedas son los productos que necesita. Piense en su personalidad, sus objetivos financieros, capital inicial, tolerancia al riesgo y el tiempo que está dispuesto a dedicar al comercio.

Si el comercio de criptomonedas a través de derivados apalancados como los CFD parece una buena opción para el comercio a corto plazo, es esencial trabajar en su plan comercial, probarlo y seguirlo en todo momento.

Un plan comercial es simplemente una descripción detallada de cómo conducirá su negocio: estilo, estrategia a seguir, gestión de riesgos, objetivos, etc.

Por tanto, la idea es desarrollar una serie de reglas a seguir para gestionar mejor las operaciones. Por tanto, evitará operar de forma espontánea sin ninguna estrategia.

Un plan comercial no es una solución rápida. A veces lleva tiempo desarrollar una estrategia comercial rentable.

No olvide también que algunas estrategias solo funcionan en determinadas situaciones de mercado, como la consolidación lateral o, por el contrario, en un mercado con fuerte tendencia.

Para adaptar su plan de operaciones, puede valer la pena llevar un diario de operaciones y aprovechar la opción de operar con fondos virtuales para practicar.

Elija un corredor con condiciones comerciales ventajosas y una cuenta comercial adaptada a sus necesidades

Después de diseñar su plan de operaciones, tendrá una idea más adecuada de sus necesidades.

Esto le permitirá elegir la plataforma y el tipo de cuenta correctos para comenzar a operar con un corredor regulado que le ofrezca las mejores condiciones comerciales.

Sin el corredor y la plataforma de negociación adecuados, no podrá analizar ni ejecutar sus operaciones de forma rápida y correcta, lo que afectará su rendimiento general.

Empiece a operar sabiendo cómo funciona el mercado

¡Ahora puede comenzar a operar con criptomonedas! Aquí hay un ejemplo de comercio de criptomonedas que muestra cuánto puede ganar o perder en una posición.

Hipótesis:

Supongamos que BTC / USD es el par con el que desea operar. Cree que Bitcoin ha alcanzado un soporte significativo y se recuperará pronto. Por lo tanto, abra una posición en el par Bitcoin vs USD a través de un CFD para aprovechar el aumento de precio.

Por ejemplo: el precio de oferta / demanda de Bitcoin, o "precio de Bitcoin", es 7000/7034. Como recordatorio, el precio de venta siempre es más bajo que el precio de compra. La diferencia entre los dos precios corresponde al spread.

Por lo tanto, realiza un contrato de compra / venta de 1 contrato en el par BTC / USD a $ 7000. Dado que el apalancamiento es 1: 2, esto significa que debe reservar

$ 3,500 (el margen) para abrir una posición de compra en un contrato de 1 BTC / USD.

Posición ganadora

Su escenario ideal se realiza y el par se eleva hasta alcanzar el nivel de $ 7200. El nuevo precio de Bitcoin es 7166/7200. Por lo tanto, decide cerrar la posición (y así vender) con un precio de venta de 7166.

Dado que el precio de Bitcoin en el momento de la compra era 7000 y el precio en el momento de la venta era 7166, aprovechó un cambio de precio de $ 166. Por lo tanto, su ganancia bruta es de $ 166 ya que solo abrió un contrato.

Perdiendo posición

El valor de Bitcoin no parece recuperarse del nivel esperado y se está acelerando a la baja. Decide cerrar su posición con un nuevo precio al precio de $ 6834 / $ 6868.

Dado que el precio de Bitcoin en el momento de la compra era de $ 7000 y el precio en el momento de la venta era de $ 6834, ha perdido $ 166. Por lo tanto, la pérdida bruta es de $ 166 ya que solo abrió un contrato.

Revise su administración de dinero

Probablemente se esté preguntando por qué muchos comerciantes pierden dinero al invertir en criptomonedas. La respuesta es bastante sencilla. ¡No tienen un plan comercial y no usan herramientas de administración de riesgo y dinero para controlar su riesgo y proteger su capital!

Por lo tanto, la administración del riesgo y del dinero es esencial si desea tener éxito en el comercio de criptomonedas a largo plazo mientras conserva su capital.

Por eso es importante asegurarse siempre de administrar el riesgo como se describe en el plan comercial. Sin duda, es importante ceñirse siempre a su plan de negocios. Piense también en las siguientes preguntas:

¿Utiliza una relación riesgo / recompensa para colocar órdenes stop-loss y take-profit que se ajusten a su estrategia?

¿Arriesga más del 1% de su capital en una posición?

¿Ha aumentado recientemente el tamaño de su posición solo porque realizó algunas operaciones ganadoras?

¿Tiene una cartera bien diversificada?

¿Se desvía a menudo de su plan comercial?

Siga los precios de las criptomonedas y las noticias del mercado

Lo más importante en el comercio de criptomonedas es controlar siempre sus inversiones. Siga el precio de la criptomoneda en tiempo real y las noticias del mercado. De hecho, muchos movimientos en las cotizaciones de criptomonedas comenzaron con las noticias sobre criptomonedas "más populares" del momento.

Descubra los eventos que más influyen en el precio de las criptomonedas

El mercado de las criptomonedas es un mercado nuevo cuyos fundamentos aún son bastante vagos. Es por ello que la mayor influencia en los precios sigue siendo la evolución de la relación entre oferta y demanda. Entre los factores más influyentes para los precios de las criptomonedas se encuentran:

el presentimiento del mercado;

noticias sobre plataformas de comercio de criptomonedas;

la evolución del nivel de aceptación de las

criptomonedas;

velocidad de ejecución y escalabilidad de tokens y blockchains;

el número de criptomonedas emitidas en relación con la oferta monetaria total;

el proceso de reducción de las primas mineras (reducción a la mitad);

reputación de criptomonedas.

El mejor momento para operar con criptomonedas

Realmente no hay mejores momentos para comerciar en el mercado de las criptomonedas. De hecho, nunca deja de funcionar. Por tanto, cada parte del mundo gestiona Bitcoin y el resto de criptomonedas, lo que significa que siempre habrá movimientos.

Puede ser interesante operar cuando hay varios intercambios activos, como cuando las sesiones europeas y americanas están activas. También puede comerciar por la noche y los fines de semana.

Errores a evitar al empezar a invertir en criptomonedas

No defina la personalidad del comerciante, el perfil de riesgo y el plan comercial antes de comenzar a operar con dinero real

Establece metas poco realistas

No invierta en usted mismo (intente siempre mejorar el conocimiento a través del entrenamiento gratuito en criptomonedas)

Opere con un activo sin conocer los detalles del CFD

No diversifique lo suficiente su cartera

No aceptar que pierdió

Perder paciencia

No manejes las emociones

No deje correr sus ganancias y no limite sus pérdidas

En qué criptomoneda invertir en 2020

Ahora que sabe exactamente qué es una criptomoneda y cómo funciona, probablemente se esté preguntando qué criptomonedas serán explotadas en 2020 y en los próximos años.

Primero debe comprender que cada criptomoneda es diferente. Cada uno de ellos tiene sus propias ventajas y desafíos. Por lo tanto, la mejor criptomoneda para invertir depende principalmente de sus objetivos comerciales y su interés en la criptomoneda y lo que aporta. Las monedas que ya son muy populares a menudo se benefician de una mayor confianza y movimientos de precios más altos que usted.

Futuro de las criptomonedas

La caída de las criptomonedas después del pico de finales de 2017 llevó a muchas personas a creer que era el fin de las criptomonedas. Pero después de varios años, todavía hay muchas monedas virtuales que actualmente ofrecen valoraciones atractivas.

Las criptomonedas que se explotarán en 2020 deberían ser pequeños tokens que no son muy populares (y a menudo no están disponibles para el comercio) o las principales criptomonedas como Bitcoin o Ethereum.

En cualquier caso, las criptomonedas más prometedoras en 2020 son aquellas que siguen evolucionando y ofrecen cada vez más funciones innovadoras para sus usuarios.

Las criptomonedas del futuro deben brindar una solución real a los problemas de las monedas legales y una alternativa a los desafíos de nuestra economía. También es importante que su adopción continúe apoyando su desarrollo.

CAPÍTULO OCHO
BITCOIN

Bitcoin es una moneda digital, o "criptomoneda", ya que utiliza la criptografía para asegurar transacciones dentro de su infraestructura, que representa una base de datos distribuida en línea o "blockchain".

La abreviatura de Bitcoin es BTC. El mismo principio se aplica a USD (dólar estadounidense) y EUR (euro).

Bitcoin también se puede emparejar con otras monedas. En ese caso, el nombre del contrato de CFD de bitcoin podría ser, por ejemplo, CFD de Bitcoin frente al dólar estadounidense o BTC / USD.

Bitcoin ofrece la oportunidad de realizar pagos entre pares (P2P) rápidos, seguros y de bajo costo sin la necesidad de un banco o procesador central.

Las transacciones del sistema se realizan directamente entre las carpetas digitales de los usuarios y se verifican en la cadena de bloques. Las transacciones se firman digitalmente con claves privadas únicas, lo que demuestra que provienen del propietario de la billetera.

Historia del Bitcoin

Cuando se crea un nuevo bloque en la cadena, es recompensado con 12,5 Bitcoins. Esto sucede aproximadamente cada 10 minutos.

Esta es una recompensa por el proceso llamado "minería", que desperdicia energía eléctrica y energía de la computadora en el mantenimiento de la red.

La minería involucra a muchas personas y empresas especializadas de todo el mundo y crea el valor central de Bitcoin.

El sistema genera automáticamente nuevos Bitcoins y autorregula la velocidad de este proceso para que no haya forma de eludir las reglas globales y ganar Bitcoins más rápido que con inversiones en hardware de minería y con un mayor gasto en facturas de electricidad.

La recompensa en bloque se reducirá a la mitad en 2020 y seguirá reduciéndose a la mitad cada 4 años hasta que se generen 21 millones de Bitcoins. Esto significa que Bitcoin tiene un potencial fundamental para el crecimiento del valor.

La imagen muestra que hay más de 16 millones (76%

del total) de Bitcoin en el mercado en 2018. La imagen también indica un rápido crecimiento en su oferta entre principios de 2009 y 2013. Hemos visto que durante 2018 el valor de las criptomonedas se desplomó, por lo que debemos ser conscientes del efecto que esto puede tener en su demanda.

Quién inventó Bitcoin

Se cree que Bitcoin fue creado por Satoshi Nakamoto, quien anunció su invención el 31 de octubre de 2008 en una lista de correo cifrada en un artículo de investigación llamado Bitcoin: un sistema de caja electrónica de igual a igual. Lo que es más interesante es que su nombre probablemente sea un seudónimo utilizado por lo desconocido o por las personas que diseñaron originalmente Bitcoin. En 2016, Craig Wright, un empresario australiano, se declaró "Sr. Bitcoin", una declaración que ha sido ampliamente aceptada por miembros destacados de la comunidad Bitcoin.

La historia financiera de Bitcoin se remonta a 2010, el 22 de mayo de 2010, cuando alguien compró una pizza. Si no ha oído hablar de este evento innovador, no se preocupe, no es el único.

La pizza no fue la parte más importante de la

transacción, sino lo que se utilizó para pagarla. La comida costó 10,000 Bitcoins: fue la primera vez que se utilizó esta moneda virtual para comprar algo en el mundo real.

El día ahora es celebrado por los entusiastas de Bitcoin cada año como Bitcoin Pizza Day.

Las cosas han cambiado desde entonces. El uso y el valor de Bitcoin se han disparado. Si esa pizzería se hubiera apoderado de esos 10,000 Bitcoins, podría no haber hecho historia, pero hoy tendría alrededor de $ 20 millones en su bolsillo.

Hay muchas cosas que puede comprar con Bitcoin, además de la pizza. Incluso hay más lugares que lo aceptan. Según www.coindesk.com, la cantidad de comerciantes que aceptan Bitcoin se ha disparado. Muchos de ellos son sitios de comercio electrónico en línea, pero un número creciente de tiendas fuera de línea también aceptan BTC. La lista se expande constantemente y podrá gastar bitcoins literalmente en cualquier lugar.

Artículos domésticos comunes:

videojuegos;

tarjetas de regalo;

viajes;

comida;

coche;

propinas y caridad;

tiendas online y offline.

La mayoría de los procesadores de pagos de Bitcoin también proporcionarán un código QR en la caja, que representa la dirección y el monto del pago de Bitcoin.

Los códigos QR son muy convenientes, por lo que es fácil pagar a través de la aplicación de billetera Bitcoin desde su teléfono inteligente. Simplemente escanee el código QR e ingrese la dirección de Bitcoin del destinatario y el monto de pago solicitado. Una vez que se envía la transacción, el pago está completo.

Transacciones rastreables

Bitcoin es completamente transparente. Todas las transacciones de Bitcoin son públicas, rastreables y se almacenan permanentemente en la red de Bitcoin. Las direcciones de Bitcoin son la única información que se utiliza para definir dónde se asignan los Bitcoins y dónde se envían.

Estas direcciones se crean de forma privada a partir de las carpetas de cada usuario. Dado que los usuarios normalmente tienen que revelar su identidad para recibir servicios o bienes, las direcciones de Bitcoin no pueden permanecer en el anonimato. La red Bitcoin es una red peer-to-peer y es posible registrar las direcciones IP del usuario.

Países que aceptan Bitcoin

La situación legal varía de un país a otro, pero la lista de países que aceptan BTC se expande constantemente.

Bitcoin opera independientemente de cualquier banco central, a diferencia de otras monedas como el dólar estadounidense y el euro.

La red Bitcoin no tiene otro punto central o administrador, lo que la convierte en una moneda digital descentralizada.

El valor fundamental de Bitcoin se genera a través de la "minería" y está estrechamente relacionado con los costos de la electricidad y el hardware, mientras que el resto de su valor es impulsado por su cantidad limitada, su lento proceso de generación y su creciente demanda.

Bitcoin se está extendiendo por todo el mundo como un método de pago válido por el que se pueden adquirir diversos bienes y servicios; lo que está impulsando aún más la demanda.

Legalidad

Las regulaciones varían de un país a otro. Por el momento, solo Japón reconoce oficialmente Bitcoin como dinero, mientras que en otros países todavía no existe una legislación específica.

Pero se puede esperar que los reguladores financieros nacionales estén cada vez más interesados en Bitcoin y otras criptomonedas, ya que las tecnologías de bloqueo se están extendiendo rápidamente y el tamaño de esta economía está creciendo.

Comercio de Bitcoin

Bitcoin es un activo volátil, con cambios de precio diarios de más del 10%, lo que lo hace altamente riesgoso para invertir y comerciar.

Por supuesto, no existe una gran recompensa sin un alto riesgo y es vital que no invierta ni utilice fondos que no pueda permitirse perder.

Las causas del colapso de Bitcoin en 2018

En el transcurso de 2017, el mercado de criptomonedas aumentó en un 2000%. Sin embargo, en 2018 la tendencia se revirtió y colapsó.

Esto llevó a una pérdida de capitalización de aproximadamente $ 700 mil millones. Una de las ventajas del comercio de bitcoins con CFD es que el operador puede operar en corto y así aprovechar la tendencia bajista.

Las causas del colapso fueron:

Ofertas de ICO;

lavado de dinero;

evasión de impuestos;

robo de computadoras;

evolución del mercado;

regulación escasa o inexistente en algunos casos;

especulación excesiva;

invertir en Bitcoins sin comprarlos: CFD.

Operar con CFD de Bitcoin probablemente no sea tan diferente de operar con cualquier otro par de divisas, producto o CFD que muestre una fuerte tendencia.

La belleza del comercio radica en su diversidad y, a través de estudios de precios compartidos, los operadores deberían poder obtener ganancias que los hagan financieramente independientes y estables. Entonces, veamos cómo comerciar con Bitcoin.

Los operadores de CFD de Bitcoin deben centrarse en:

seguir la tendencia (tendencia alcista hasta que se demuestre lo contrario);

manejo adecuado del dinero;

las principales sesiones Londres, Nueva York y Tokio;

Comprar con caídas de precios de BTC / USD es importante porque les brinda a los operadores la oportunidad de ingresar a la mayor parte del mercado y seguir el impulso. Por supuesto, la tendencia cambiará, pero BTC / USD está mostrando una tendencia excepcionalmente fuerte en este momento.

La gestión adecuada del dinero es el santo grial del comercio de bitcoins y, si se aplica correctamente en un entorno de fuertes tendencias, teóricamente debería generar un enorme ROI.

CAPÍTULO NUEVE
RIPPLE

La mayoría de la población mundial ya ha oído hablar de Bitcoin desde su explosión en 2017, pero la familia de las criptomonedas se extiende mucho más allá. Aquellos que han explorado el tema un poco más también pueden haber oído hablar de Litecoin y Ethereum.

Otra criptomoneda que ha causado un efecto dominó en el mercado de divisas digitales es Ripple. Aunque Ripple tiene su propia moneda, su valor es quizás más considerable gracias al sistema de pago ultrarrápido que lo soporta.

Ripple es una empresa nacida en San Francisco a partir del diseño de un sistema de pago similar al sistema blockchain. Es un protocolo que funciona de manera similar a un sistema de pago, una red de remesas y un cambio de moneda. Funciona con criptomonedas, monedas fiduciarias y materias primas.

Ripple permite a los clientes integrar el protocolo en sus sistemas. National Bank of Abu Dhabi ha comenzado recientemente a utilizar la tecnología blockchain para algunas de sus transacciones, como las transacciones internacionales. Esto permite a sus clientes transferir fondos de varios montos virtualmente en tiempo real.

Ripple utiliza una cadena de bloques similar a Bitcoin, pero la criptografía de Ripple se llama “Ripples”.

En términos de capitalización de mercado, Ripple es la tercera criptomoneda más grande, después de Bitcoin y Ethereum.

La abreviatura de Ripple es simplemente XRP. También se puede combinar con otras monedas, así como USD (dólar estadounidense) y EUR (euro).

Por lo tanto, el nombre del par de divisas Ripples frente al dólar estadounidense es XRP / USD.

RippleVS Bitcoin

Ripple se considera un competidor de Bitcoin y tiene algunas ventajas sobre su “primo” más famoso. Ripple no depende de una sola empresa para proteger y administrar su base de datos de transacciones. Por lo tanto, no hay que esperar a las confirmaciones de bloque. Según Market Mogul, existe una diferencia entre el momento de liquidación de Bitcoin y Ripple. El tiempo de asentamiento de Bitcoin aumentó, alcanzando 168 minutos el 27 de marzo de 2018, mientras que Ripple tomó un promedio de 3.7 segundos. Las transferencias de dinero entre España y México realizadas por BBVA revelaron que Ripple toma solo unos segundos, mientras que una transferencia bancaria estándar habría demorado cuatro días.

Ambas monedas comparten muchas características similares, y Ripple es similar a la criptografía de Bitcoin con algunas diferencias:

Ripple ofrece un tiempo de liquidación más rápido, como se explicó anteriormente;

Ripple usa un proceso de consenso iterativo, Bitcoin usa la llamada minería;

Transacciones de moneda frente a la red: Bitcoin es una moneda digital descentralizada, mientras que Ripple es básicamente una red de transacciones que también incluye una moneda digital.

No puede minar con Ripple. La criptomoneda Ripple nació con un número fijo de Ripples (XRP) y no tiene expansión incorporada, de acuerdo con las reglas del protocolo Ripple. Por lo tanto, no es necesario extraer nuevas monedas.

El número total de XRP creados es 100 mil millones, pero el flujo de XRP está controlado por Ripple. Esto ha sido criticado por los simpatizantes de Bitcoin que elogian a Bitcoin por no estar centralizado en su creación o distribución.

Ripple respondió anunciando su intención de congelar el 88% de sus activos XRP y vender mil millones de XRP cada mes. Tanto la congelación como el flujo constante permitirán a los comerciantes e inversores tener cierto nivel de previsibilidad con respecto a la oferta.

Ripple enfatiza su papel en la "red de liquidación global", que simplemente permite a las partes financieras, como los bancos, reducir los costos de transacción. Al mismo tiempo, también ofrece un servicio avanzado con transacciones directas e instantáneas. La siguiente imagen muestra cómo Ripple permite que los pagos crucen el mundo en un abrir y cerrar de ojos.

Los pagos son criptográficamente seguros y están diseñados para adaptarse a la infraestructura existente de un banco. Ripple destaca las siguientes cuatro características principales:

distribución: los bancos pueden negociar directamente entre sí sin intermediarios;

seguridad: confidencialidad de las transacciones;

escalabilidad: altos niveles de procesamiento;

interoperabilidad: capacidad de conectar varias redes juntas.

La red para invertir en Ripple le permite completar pagos más rápido (casi instantáneamente) y más barato, más seguro y con acceso directo. No es de extrañar, entonces, que Ripple esté siendo utilizado cada vez más por el sector bancario, que no ha capitalizado tanto en las nuevas tecnologías como otros sectores de la industria.

Blockchain

Ripple utiliza una estructura que procesa los pagos de manera similar al concepto de blockchain. Es un "libro mayor de almacenamiento" para procesar transacciones que le permite trabajar a través de fronteras y con cualquier tamaño de pago.

La criptomoneda Ripple ayuda a facilitar las transacciones entre dos partes si el intercambio directo no es posible y no tiene riesgo de contraparte, ya que no depende de terceros.

Invertir en Ripple

Se cree que Ripple fue fundado por Ryan Fugger, pero ha experimentado un gran desarrollo desde su creación inicial.

El crecimiento de Ripple comenzó en 2004 cuando Ryan Fugger fundó la creación de RipplePay. En 2011, el sistema fue rediseñado, haciéndolo más rápido y mucho más eficiente que Bitcoin. En 2012, se formó OpenCoin, Inc.

Poco después, se desarrolló el Ripple Transaction Protocol (RTXP) basado en los conceptos de Fugger. El protocolo es capaz de procesar las comisiones y tiempos de espera del correspondiente sistema bancario tradicional.

Desde 2012, Ripple también se ha centrado en expandir el mercado bancario.

En resumen, el futuro de este producto financiero parece prometedor. La red de Ripple es mucho más rápida en el procesamiento de pagos que sus competidores y está alineando múltiples asociaciones con compañías globales:

60 instituciones de todo el mundo, incluidas empresas famosas como UBS, RBC, UniCredit y Santander;

El 40% de los bancos japoneses estarán vinculados a Ripple;

RBS y BAML utilizarán Ripple para servicios de pago minoristas y comerciales a partir de 2018;

El Banco Nacional de Abu Dhabi utiliza Ripple para transacciones internacionales.

Por supuesto, Ripple no es tan popular como Bitcoin. Sin embargo, con el creciente interés en las criptomonedas en general, además de la increíble red rápida y la capacidad de Ripple para ofrecer soluciones de pago, parece que será un gran competidor para el líder del mercado en los próximos años. La división de volumen para XRP se muestra a continuación.

Ripple opera independientemente de cualquier banco central de manera similar a otras criptomonedas, como Bitcoin, Ethereum y Litecoin. Esta es una gran diferencia

de monedas conocidas como el dólar estadounidense y el euro. Estas monedas son distribuidas e impresas en los EE. UU. Y la UE por sus respectivos bancos centrales.

Ripple decide el flujo de XRP, que se establece en mil millones de XRP cada mes. Sin embargo, a diferencia de las "monedas fiduciarias" como USD y EUR, Ripple tiene un suministro máximo de 100 mil millones de XRP, que está disponible bajo el protocolo.

Riesgos de invertir en Ripple

Como ocurre con cualquier activo financiero, existe el riesgo de que el precio suba y baje. Ripple está sujeto a las fluctuaciones del mercado, como la oferta y la demanda. Sin embargo, la fluctuación de precios es lo que permite a los operadores operar con Ripple.

Teniendo en cuenta la gran aceptación de Ripple como red financiera por parte de los principales bancos y muchas empresas financieras, es poco probable que se produzcan interrupciones importantes en el futuro.

Por último, pero no menos importante, cada cuenta de Ripple debe tener una reserva mínima de 20 XRP y una tarifa de transacción de 0.00001 XRP para cada operación. Estas acciones están diseñadas para limitar a los piratas informáticos que intencionalmente quieren sobrecargar la red. En general, estas reglas básicas no son estrictas.

Es legal invertir en Ripple. Las regulaciones varían en detalle de un país a otro, pero la expectativa general es que los reguladores financieros nacionales estén interesados en invertir en Ripple y otras criptomonedas.

Por ejemplo, ya se aprobó una ley en Japón para normalizar y regular las monedas digitales como Bitcoin y XRP.

Invertir en Ripple es tan seguro como usar Bitcoin, Litecoin, Ethereum o cualquier otro producto. Sugerimos negociar el par XRP vs USD.

La mayoría de los operadores prefieren operar en el mercado Forex y CFD, pero las criptomonedas ofrecen una amplia combinación de instrumentos negociables.

Invierta en Ripple con éxito

Operar en un período de tiempo más corto siempre requiere más práctica y experiencia que operar en períodos de tiempo más largos. Sí, hay más oportunidades comerciales al invertir en el gráfico de 15 minutos, pero también hay más confusión y los operadores deben ser más críticos con la configuración que eligen.

En el comercio basado en el análisis técnico, siempre debe verificar si existe un posible evento de noticias o publicación de datos que pueda conducir a aumentos de precios rápidos y espontáneos. Somos fundamentalmente cautelosos en estos momentos y preferimos operar con tendencias normales en lugar de picos repentinos de precios. En particular, los traders técnicos quieren operar técnicamente y evitar movimientos de precios basados en eventos específicos.

El siguiente paso al operar con ranuras de tiempo más cortas y operaciones diarias con XRP / USD es considerar la dirección de la tendencia más amplia. Esta es una de las principales razones por las que hemos agregado la EMA 144 cerca del gráfico.

El precio debe estar por encima de la EMA antes de operar en cualquiera de las configuraciones intradía.

Si el precio está por debajo de la EMA, omitiremos cualquier configuración intradía.

Después de eso, buscaremos operaciones largas que se basen en la configuración de ruptura o rebote cuando se utilizan líneas de tendencia y puntos de pivote MT4.

La línea de tendencia es una herramienta dinámica que

los operadores necesitan para dibujar en el gráfico.

Los puntos de pivote se agregan automáticamente a los niveles de resistencia y soporte estático.

Tanto los indicadores de Pivot Point (PP) como las líneas de tendencia se pueden utilizar para la configuración de pausa y rebote: un pulso por encima de la línea de tendencia o PP es un patrón de interrupción, un retorno en la línea de tendencia o PP es una configuración de rebote.

Por supuesto, esta es solo una idea aproximada de cómo abordar el comercio intradía. Hay muchos tipos diferentes de métodos comerciales que podrían utilizarse para ingresar a los mercados. Puede encontrar otros artículos que profundizan en diversas estrategias comerciales en nuestra sección educativa.

Es posible obtener ganancias al operar con Ripple, pero siempre es importante darse cuenta de que operar implica un riesgo, lo que significa que puede perder dinero. Hay un par de elementos clave que siempre debe tener en cuenta al intentar ganar dinero operando en los mercados.

Es importante tener en cuenta que el comercio requiere paciencia y disciplina. Esta es la parte de la "psicología comercial" y es un aspecto importante a recordar antes de ingresar a los mercados. Si no lo hace, puede verse tentado a negociar por el "retorno de la inversión", negociar y analizar más de lo que debería y / o sufrir otras trampas que llevan a los operadores a perder hábitos y falsos prejuicios y convertir esto en un casino.

El otro aspecto clave es la gestión de riesgos. Cuando los operadores asumen muchos riesgos, se convierte en una apuesta y la posibilidad de perder todos los aumentos de capital comercial. Es posible que esta situación degenere con el tiempo. Para evitar perder todo el capital comercial, cada operación debe dividirse en pequeñas cantidades de capital, como 0.5%, 1% o 2%. Un período de pérdidas generalmente no conducirá a una disminución significativa en la cuenta y permitirá a los operadores continuar invirtiendo un día más.

Por último, pero no menos importante, los operadores deben acercarse a los mercados con un plan comercial sólido que indique cómo analizar los gráficos, cómo operar, administrar la configuración y salir del mercado. Cada operador tiene su propia estrategia y prefiere diferentes tipos de herramientas e indicadores. Por eso es importante practicar su plan de operaciones primero en una cuenta demo o en una cuenta real con poco riesgo.

El entusiasmo por Ripple creció cuando se alcanzó un nuevo máximo frente al dólar estadounidense el 17 de mayo de 2017. La acción del precio tomó un fuerte aumento, pero ese momento fue una explosión energética insostenible a largo plazo. El precio se ha corregido como lo hacen los mercados.

CAPÍTULO DIEZ
DASH

La criptomoneda Dash se lanzó por primera vez en 2014. Esta criptomoneda de código abierto ofrece soluciones simples y escalables. Código abierto significa que la tecnología y el software se crean, prueban y mejoran con la colaboración de los usuarios.

El Dash es el primer sistema de dinero digital completamente descentralizado y cada vez es más aceptado por las empresas en Internet. Dash le permite realizar pagos instantáneos y privados en línea, así como en tiendas físicas. Al ser un "Blue Chip", puede obtener Dash (criptomoneda) en la mayoría de los intercambios.

La criptomoneda Dash es otra alternativa a la moneda digital descentralizada.

Es un tipo de criptomoneda Peer-to-Peer de código abierto que ofrece características similares a Bitcoin, pero con algunas características más avanzadas, como transacciones instantáneas InstantSend y transacciones PrivateSend que explicaremos más adelante.

Cabe señalar que Dash es la primera organización autónoma descentralizada y que utiliza dos capas en su arquitectura para liderar la red.

Por un lado, tenemos el primer nivel con los mineros que se encargan de la seguridad de la red y donde se registran las transacciones en la blockchain, y por otro lado tenemos el segundo nivel compuesto por "Masternodes" que lo hacen posible para que el panel de control criptográfico de Dash disfrute de funciones avanzadas.

Dash apareció por primera vez en enero de 2014, comenzó a llamarse XCoin usando el código XCO, un mes después se llamó Daskcoin, pero no fue del todo convincente. En el tercer mes, en marzo, de hecho, se cambió a Dash, que es el nombre por el que lo conocemos hoy.

Dash es un juego de palabras que significa "Dinero digital", que es dinero digital.

En los primeros dos días del lanzamiento, se acuñaron 1,9 millones de monedas, lo que representa aproximadamente una cuarta parte del número actual de Dash.

Según CoinmarketCap, en junio de 2017, el volumen

diario de Dash era de aproximadamente $ 100 millones por día y la capitalización de mercado superó los $ 1,4 mil millones.

Dash comparte muchas características con Bitcoin y otras criptomonedas importantes. El principal punto en común es la posibilidad de enviar efectivo digitalmente a través de Internet.

Sin embargo, también existen algunas diferencias entre Dash y Bitcoin, incluida la velocidad, el costo y la gobernanza. En todos estos aspectos, el Dash está mejor posicionado que el resto de criptomonedas.

Pero sin lugar a dudas, la principal ventaja y diferencia entre la criptomoneda Dash y Bitcoin es la privacidad. Ambas monedas operan a través de blockchains que permiten realizar transacciones financieras sin intermediarios.

Al igual que Bitcoin, la criptomoneda Dash garantiza el anonimato ya que no está obligada a revelar información personal (nombre, dirección). Sin embargo, la gran diferencia es que la codificación sólida de la cadena de bloques Dash evita el seguimiento de sus transacciones y, por lo tanto, garantiza el anonimato.

Una alternativa válida a Bitcoin

Dash logró mejorar la idea original de Bitcoin en términos de velocidad, costo y gobernanza. Repasemos estos tres puntos cruciales uno a la vez.

Velocidad

La velocidad de transacción entre Dash y Bitcoin no es comparable. La confirmación de las transacciones de Bitcoin puede tardar más de 10 minutos. El Dash (criptomoneda) completa una transacción similar en solo 4 segundos. La diferencia de velocidad es asombrosa.

Costos

Las tarifas de transacción de Bitcoin son de alrededor de $ 6. The Dash redujo esta tasa a menos de medio dólar estadounidense. Sin embargo, se espera que las tarifas de la criptomoneda Dash aumenten en línea con los ingresos.

Gobernancia

El Dash demuestra cómo se pueden incorporar cambios en el desarrollo de la moneda sin necesidad de bifurcaciones. El concepto de hard fork se refiere a la implementación de dos soluciones diferentes. Bitcoin ha incorporado varias bifurcaciones duras en su desarrollo. Bitcoin Cash es un ejemplo de una moneda que se separa de su moneda principal, Bitcoin. Dash gestiona este tipo de procesos a través de un sistema de votación, que acelera la implementación de cambios.

Cómo se emite Dash

La emisión de nuevas criptomonedas Dash se produce mediante un proceso de minería. Este proceso es la forma más común de las criptomonedas para recompensar a los usuarios que registran transacciones en la cadena de bloques. El tiempo que tarda el Dash en "tirar" de un bloque es menos de dos minutos y medio.

Las monedas de criptomoneda Dash recién emitidas se dividen en tres grupos: mineros: aproximadamente el 45% de las nuevas monedas se entregan a los mineros para fomentar una alta participación electrónica en el proceso de blockchain;

masternodes: también reciben alrededor del 45% del nuevo número;

equipo de desarrollo: el 10% restante se utiliza para financiar y apoyar al equipo de marketing, servicio al cliente y desarrollo.

Es posible que no conozca los términos mineros y masternodes, ¡así que veamos qué significan!

Qué son los masternodes

Los masternodes se basan en el algoritmo Proof-of-Stake (PoS), un concepto que permite al usuario extraer o validar transacciones a granel en función de la cantidad de monedas en su posesión.

Bitcoin, por ejemplo, se basa en el concepto de Prueba de trabajo (PoW). Esto implica que su cadena de bloques debe ser validada por todos los nodos de la red.

La diferencia entre masternodes y nodos estándar es que los primeros reducen el número de nodos necesarios para validar para realizar una transacción. Esto hace que el número total de nodos sea manejable y resuelve los problemas de escalabilidad de las transacciones.

Como incentivo económico para su trabajo, los masternodes reciben el 45% de las nuevas criptomonedas emitidas. La gobernanza también tiene un impacto en la dirección y el curso futuros de la moneda.

A diferencia de los menores, los masternodes no necesitan proteger la red a través de PoW, pero usan funciones secundarias como PrivateSend, InstantSend y las funciones de gobierno de las que hablamos anteriormente.

Funciones PrivateSend e InstantSend

PrivateSend e InstantSend son dos funciones adicionales de Dash, que se basan en los masternodes de gestión. Estas funciones tienen las siguientes ventajas; InstantSend le permite enviar transferencias en menos de un segundo, mientras que PrivateSend oculta los detalles de la transferencia y la información sobre el remitente y el destinatario. Esto es posible por el hecho de que esta función combina todas las transacciones, lo que dificulta la trazabilidad.

Cómo se mueve el precio

Entre 2014 y 2016, se redujo el cambio en el precio de las criptomonedas. Desde 2017, el precio ha despegado y la volatilidad ha aumentado enormemente, luego el precio cayó bruscamente.

El Dash cruzó la línea mágica de $ 100 en marzo de 2017. Este primer movimiento alcista fue solo el comienzo, llegando a $ 200 en mayo para llegar a $ 400 en agosto. Durante los siguientes tres meses, el precio se mantuvo en un rango de $ 250 a $ 400, hasta que la amplia gama de criptomonedas provocó un pico.

En noviembre de 2017, el precio continuó subiendo hasta que se detuvo en alrededor de $ 1600. Este fue su pico más alto desde entonces, el valor de la criptomoneda de Dash mantuvo una tendencia bajista para llegar a $ 175 en junio de 2019.

Opiniones

Las ventajas de Dash en términos de velocidad, costo, privacidad y gobernanza le han dado a esta criptomoneda un nicho sólido en este nuevo mundo de productos financieros. Sin embargo, creemos que tenemos que esperar un poco más para ver si se puede ampliar.

Zcash

Zcash es una criptomoneda que nació a finales de octubre de 2016 y se cotizó en 33 Bitcoins en los primeros minutos de las negociaciones.

La criptomoneda Zcash oculta automáticamente la identidad de remitentes y destinatarios, así como el monto de todas las transacciones que realizamos en su blockchain. Solo aquellos con una clave de visualización podrán ver el contenido de las operaciones.

Zcash se basa en una investigación criptográfica revisada por pares. Ha sido programado por un equipo de ingenieros de seguridad de TI en una plataforma de código abierto. Toda la programación se ha basado en el código probado de Bitcoin. Zcash utiliza técnicas criptográficas digitales avanzadas, como "pruebas de conocimiento cero". El objetivo de esta técnica es garantizar la validez de las transacciones sin mostrar información adicional sobre ellas.

Este algoritmo se denomina pruebas de conocimiento cero y permite al creador de la transacción incluir en él una prueba de validez, sin necesidad de transmitir ninguna información más que el hecho de que la transacción es verdadera. En otras palabras, no se transmite información que cualquiera pueda leer.

Puede recibir, almacenar y gastar dinero mientras muestra las transacciones solo a las partes elegidas, en lugar de mostrar las transacciones a todos en Internet. Esta es una gran diferencia con Bitcoin y Ethereum, que no pueden funcionar sin exponer todas sus transacciones a cualquier persona en Internet.

Después de debutar en las plataformas de comercio de divisas en octubre de 2016, el Zcash alcanzó los $ 1,000 por unidad, subiendo al nivel del pionero

Bitcoin, actualmente alrededor de $ 100. Zcash está atrayendo el interés de consumidores rusos, chinos, venezolanos y brasileños. En Brasil, la moneda también se utiliza para pagar impuestos y facturas de servicios públicos. Se espera una producción máxima de 21 millones de unidades.

La protección de la privacidad del usuario es precisamente lo que lo distingue. Pero esta opacidad está, como era de esperar, en el punto de mira: no ofrece la transparencia que exigen las autoridades que buscan evitar que sea utilizada para blanqueo de capitales, financiación del terrorismo, evasión fiscal o fraude. Zooko Wilcox, CEO de Zerocoin Electric Coin Company, que opera Zcash, espera que esta característica ayude a las empresas a superar la renuencia a usar su moneda como una alternativa confiable a las tradicionales controladas por el estado.

CAPITULO ONCE
ETHEREUM

Ethereum (ETH) es una plataforma de software de código abierto basada en la tecnología blockchain, que permite a los desarrolladores crear y lanzar aplicaciones descentralizadas. En realidad, es mucho más que una criptomoneda, que es solo una parte de la oferta de Ethereum.

Bitcoin y Ethereumare, ambos construidos utilizando tecnología de red pública distribuida, conocida como blockchain. Todas sus otras características son diferentes.

Bitcoin ofrece una única aplicación: un sistema de moneda digital peer-to-peer que permite pagos en línea. Básicamente es una moneda en su forma esencial.

Mientras que Bitcoin usa la tecnología blockchain para rastrear quién posee Bitcoins, Ethereum usa blockchain como plataforma para ejecutar casi cualquier aplicación descentralizada. Bloomberg lo describió una vez como “software compartido que puede ser utilizado por todos, pero es a prueba de manipulaciones”. ¡Así que las posibilidades son realmente infinitas!

¿De dónde viene ethereum y quién es su fundador?

Ethereum fue creado originalmente por VitalikButerin, un investigador y programador de criptomonedas que trabajó anteriormente en Bitcoin en 2013. Un crowdfunding en línea realizado en 2014 fue la parte clave de la financiación de la plataforma. El sistema entró en funcionamiento el 30 de julio de 2015 y estaba poblado por 11,5 millones de "monedas" listas para la preventa.

Cómo funciona Ethereum

En la cadena de bloques Ethereum, en lugar de "minar" como con Bitcoin, los usuarios trabajan para ganar "Ether", un tipo de criptomoneda que alimenta la red más amplia. Además de ser una criptomoneda negociable, los desarrolladores también utilizan Ether para pagar servicios en la red Ethereum.

Invertir en CFD de Ethereum y otras criptomonedas sin riesgo

La mejor manera de practicar el comercio de CFD de criptomonedas es abrir una cuenta de demostración gratuita. Tanto los operadores principiantes como los avanzados pueden comenzar desde una cuenta de demostración. Esto proporciona toda la experiencia comercial en vivo, incluida toda la información y el análisis en tiempo real de los mercados en vivo, incluso sin utilizar su capital.

Historia de Ethereum

Desde el inicio de Ethereum en 2015, su criptomoneda Ether ha mostrado un progreso lento en su primer año. Pero 2017 fue una historia completamente diferente. La criptomoneda comenzó el año con un precio exiguo de $ 7.76, y al final del año superó los $ 700, ¡un aumento de más del 9000%! A diferencia de Bitcoin, que estableció su récord a fines de 2017, Ethereum estuvo en su cima en enero de 2018, alcanzando un pico de más de $ 1300 a mediados de enero.

Sin embargo, al igual que con otras criptomonedas, 2018 demostró ser un año de prueba para Ether, y su precio ha disminuido progresivamente desde entonces, situándose en torno a los 130 dólares hacia finales de año. 2019 vio una primera fase alcista, alcanzando su punto máximo el 26 de junio en 361,61, y luego volvió a disminuir, cerrando el año en 127,55. El primer mes de 2020 el precio reanudó una tendencia alcista.

A medida que el público se ha vuelto cada vez más

informado sobre cómo comerciar con Ethereum y Bitcoin, se ha generado más interés. El caso del Aether es aún más interesante. Tuvo una fuerte subida de precios casi exclusivamente porque se parece mucho a Bitcoin, y los inversores querían subirse al barco temprano cuando los precios eran moderadamente bajos.

Por supuesto, como ocurre con todos los mercados, lo que sube puede bajar. Además de las fantásticas ganancias de 2017 fueron impulsadas por algún tipo de efecto multiplicador del aumento de los precios que impulsó la demanda de los inversores, lo que a su vez hizo subir los precios, lo que provocó una mayor demanda una vez que el mercado comenzó a venderse en 2018, vimos una reacción inversa. Una corrección de la demanda de los inversores atemorizados por los precios, que ha provocado un aumento de las ventas, haciendo que los precios bajen y frenando aún más la demanda.

Invertir en Ethereum

La primera mitad de 2019 tuvo un buen comienzo para los inversores de Ether, con precios que superaron los USD 350 en un momento. Pero en la segunda mitad del año, la criptomoneda devolvió la mayor parte de estas ganancias, pero aún se mantiene más del 15% por encima de su precio de apertura anual en noviembre de 2019.

Si bien el comercio se encuentra actualmente en modo neutral, una ruptura por debajo de USD 150 podría considerarse claramente una señal bajista y conducir a una disminución hacia, e incluso significativamente, por debajo del nivel psicológico importante de USD 100 en 2020.

En cualquier caso, dada la actual situación de incertidumbre por la pandemia de coronavirus, le recomendamos que se mantengas siempre actualizado sobre las últimas novedades económicas y financieras antes de realizar cualquier inversión.

Estrategias recomendadas para invertir en Ethereum

El comercio técnico y las herramientas comprobadas deben aplicarse al gráfico al operar con Ethereum, lo que a su vez podría ser una buena base para operar exitosamente con Ether CFD frente al dólar estadounidense. Teniendo en cuenta su volatilidad, las estrategias de scalping deben aplicarse en el comercio intradía.

Aquellos que buscan operar con ETH / USD deben prepararse para una cierta inestabilidad de precios, donde las ganancias constantes podrían convertirse en pérdidas en una fracción de segundo.

Un "accidente repentino" ocurrió el 21 de junio de 2017, cuando el precio bajó de alrededor de $ 320 a 10 centavos. Se recuperó más tarde, pero los inversores y comerciantes ciertamente se vieron afectados durante ese tiempo. El Sr. Adam White, vicepresidente de GDAX, explicó que un inversionista colocó una orden de Ether de venta en corto de varios millones de dólares a las 12:30 pm del miércoles. El tamaño de la orden provocó una caída en el precio de la moneda (que ya era volátil).

Como es bien sabido, cuando el precio alcanza el límite de pérdidas, crea un impulso adicional y un movimiento potencialmente fuerte en un período de tiempo muy corto. Cada cierre de una posición de compra es una venta automática en el mercado y viceversa.

Negociar con ETHEREUM / USD

La administración adecuada del dinero es la base del éxito o fracaso de cualquier operador. Cuando se usa correctamente en casos de alta tendencia, puede producir un gran retorno de la inversión (ROI). Debido a la alta volatilidad, también pueden ocurrir pérdidas, por lo que es extremadamente importante utilizar una administración adecuada del dinero. La estabilidad del mercado se podría lograr cuando el poder pasa de los inversores que buscan beneficiarse de las fluctuaciones de precios a los consumidores que realmente utilizan criptomonedas.

Cuando eso suceda, la volatilidad debería estabilizarse. Los comerciantes deben tratar el comercio de cifrado de la misma manera que tratarían cualquier inversión en la fase inicial de puesta en marcha. Además, los operadores intradía definitivamente deberían centrarse en las sesiones de negociación más importantes, ya que los principales centros de negociación proporcionan la mayor volatilidad en ETH / USD. Afortunadamente, la plataforma MetaTrader 4 (MT4) ofrece la herramienta durante las principales sesiones del mercado: 24/5.

Bitcoin VS Ethereum

En 2017, el Ether era muy popular. El sentimiento hacia Etherum fue muy positivo en ese momento.

Por supuesto, parte de este sentimiento se ha enfriado junto con la caída en el valor del par CFD ETH / USD desde sus máximos de 2017. Sin embargo, es una verdad general que la confianza disminuirá para cualquier mercado que haya sufrido una corrección de valor severa.

Hay inversores que creen que los precios de las criptomonedas se recuperarán. Un factor a favor de Ethereum es el potencial de su plataforma, y en 2019 comenzamos a ver signos de adopción institucional de la tecnología.

El gigante bancario JP Morgan fue noticia a principios de 2019 cuando lanzó su moneda JPM, que fue promocionada como la primera criptomoneda respaldada por un banco estadounidense. Si bien muchos medios de comunicación han reconocido que este nuevo token digital utiliza tecnología blockchain, lo que muchos no han mencionado es que Quromblackchain, propiedad de JPM, es en realidad una versión empresarial de Ethereum. A dónde conducirá todo esto no está nada claro, por supuesto, pero este tipo de ejemplo concreto del uso real de la tecnología Ethereum podría servir para reavivar la confianza.

Dicho esto, debemos señalar que la gran mayoría del comercio de Ethereum y el comercio de criptomonedas en general es pura especulación, y el valor de utilidad actual para los usuarios es cercano a cero. No muchas personas usan protocolos de blockchain, a diferencia de muchas personas que comercian con criptomonedas. También es posible que veamos regulaciones en términos de negociación, emisión y tenencia de nuevas monedas en un futuro cercano.

En 2018, la burbuja estalló y ambas monedas vieron caer su precio, pero nunca alcanzaron mínimos históricos. El 2019 vio un interesante nuevo aumento para Bitcoin, que también se reflejó en el gráfico de quienes habían decidido invertir en Ethereum, pero con mucha menos intensidad.

A principios de 2020, Bitcoin casi se disparó frente al dólar estadounidense debido a la incertidumbre en los mercados tradicionales, ya que muchos inversores lo ven como un activo de refugio seguro. A pesar de esto, BTC colapsó coincidiendo con la caída de la bolsa a mediados de marzo cuando varios gobiernos europeos decretaron el confinamiento de sus ciudadanos y el cierre de la actividad económica tras la pandemia de Covid-19.

Bitcoin estaba cerca de los $ 5,000 ya que los inversores prefirieron recurrir a los mercados tradicionales de refugio seguro como el oro. A finales de junio de 2020, la criptomoneda más valiosa del mercado recuperó lo perdido a principios de año superando los $ 9.000, según el sitio web Coinmarketcap.

Ethereum tomó un camino similar en su movimiento de precios frente al USD. ETH / USD valía $ 7,65 el 1 de enero de 2017 y un año después estaba por encima de $ 1,300. Entre 2018 y 2019, como Bitcoin, su precio se desplomó y, a veces, incluso bajó a $ 100. En 2020, el gráfico de Ethereum fue similar al de Bitcoin, rebotando a alrededor de 250 USD en febrero, cayendo a mediados de marzo a 106 USD y recuperando lo perdido en los meses siguientes, a USD 244 a fines de junio.

¿Quién tendrá los mejores resultados en el futuro? Esto es muy difícil de decir, pero el papel de liderazgo de Bitcoin podría darle a Bitcoin una continuación alcista y alcanzar nuevos máximos. Es probable que aún no se haya cotizado el precio más alto de Bitcoin.

Desde este punto de vista, el gráfico de Bitcoin parece tener la ventaja, ya que se considera el favorito del mercado. La diferencia se ve claramente al compararlo con Ethereum, que, aunque ha tenido sus rallies, no mueve los mismos volúmenes.

Sin embargo, ambos instrumentos han subido y bajado mucho en los últimos tres años, así que tenga en cuenta que siempre existe el riesgo de que los precios se muevan bruscamente ante noticias inesperadas.

Cada criptomoneda tiene un método y un conjunto de reglas diferentes que van de la mano con su creación, distribución y protección o seguridad. Es útil conocer los detalles de cada criptomoneda, ya sea trading de Bitcoin o Ethereum, lo importante es estar cómodo con sus parámetros.

Existen varias diferencias fundamentales entre las dos criptomonedas, a continuación, se muestran un par de ejemplos para entender si bitcoin o ethereum es mejor.

El suministro de Bitcoin está limitado a un máximo de 21 millones, mientras que el suministro de Ethereum tiene un crecimiento limitado cada año.

Bitcoin fue creado en 2009 y tiene un tiempo de bloqueo de 10 minutos, mientras que en Ether ronda los 14 segundos.

No es obligatorio comerciar con un instrumento que le guste, pero tener fe en su potencial y diseño a largo plazo podría facilitar la inversión en Ethereum o Bitcoin y apuntar a objetivos más grandes. Este factor en particular es muy personal y depende de cada comerciante.

Bitcoin sigue siendo la criptomoneda más conocida y no parece ser una amenaza de que pueda perder esa posición. Por lo tanto, la posibilidad de que Bitcoin pueda mantener este estado durante los próximos años es totalmente aceptable.

La ventaja del papel de liderazgo de Bitcoin es que podría atraer a más inversores. Las criptomonedas en general, pero Bitcoin específicamente, pueden ser cada vez más atractivas para los grandes inversores, quizás incluso para los inversores institucionales. Bitcoin está bien posicionado para recibir aún más atención que en el pasado, Ethereum puede recibir un menor volumen de inversión, pero esto está por verse.

Al mantenerse al tanto de ciertos desarrollos dentro de cada criptomoneda, también obtiene información clave sobre las posibles reacciones de los precios. Por ejemplo, la bifurcación dura de Bitcoin Cash, lejos del Bitcoin original, tuvo un impacto temporal en los precios, por lo que el seguimiento de tendencias como esta puede ser importante.

Desde este punto de vista, Ethereum es un poco más estable que Bitcoin, teniendo en cuenta la división más reciente. De cualquier manera, no está de más monitorear las últimas tendencias de cada criptomoneda y ver si alguna de ellas ofrece menos riesgo y más estabilidad. Esto también puede cambiar de un mes a otro, ya que las tendencias y actualizaciones de noticias en este espacio continúan siendo densas y rápidas.

El comercio no solo se basa en el potencial a largo plazo o los fundamentos, sino también en la volatilidad y la acción del precio de una criptomoneda. Esto es especialmente importante cuando se negocia con Ethereum o Bitcoin en períodos de tiempo más cortos, por ejemplo.

Los instrumentos de movimiento lento no ofrecen configuraciones comerciales atractivas porque es difícil obtener ganancias entrando y saliendo si el precio sube o baja. La volatilidad es la clave, ya que ofrece más oportunidades para los comerciantes.

La acción del precio también es fundamental: es importante revisar los gráficos de comercio de Ethereum o Bitcoin y familiarizarse con la herramienta. Esto es aún más cierto para los gráficos a corto plazo, donde la acción del precio a veces puede ser rápida e inesperada. Algunas herramientas también se adaptan a su estilo comercial de forma más natural. Siempre debe asegurarse de saber cómo operar con CFD de Bitcoin antes de operar con dinero real.

CAPÍTULO DOCE
BITCOIN A LA MITAD

2020 fue un año histórico para los mercados financieros, con todo tipo de activos experimentando una gran volatilidad del mercado y cambios de precios extraordinarios. Sin embargo, será este mayo de 2020 el que revolucionará el mercado de las criptomonedas.

El evento “Halving Bitcoin” predice que la producción de esta moneda digital se reducirá en un 50%. Este evento está escrito en las reglas del código Bitcoin subyacente sin que nadie controle el proceso, lo que crea oportunidades comerciales únicas para conocer bien esta herramienta y sus propiedades.

Reducir Bitcoin a la mitad

El diseño digital único de Bitcoin predice que cada cuatro años hay un cambio sísmico en la criptomoneda. Por tercera vez en 11 años de historia, en mayo de 2020 sufrirá otro cambio importante.

Para comprender la reducción a la mitad de Bitcoin, es importante comprender los principios básicos del propio Bitcoin.

El código predice que solo se pueden producir 21 millones de Bitcoins. Ya se han producido unos 18 millones de Bitcoins a través de la denominada "cripto minería". La minería de Bitcoin es un gran negocio donde los mineros utilizan computadoras de alta especificación para ayudar a procesar las transacciones de Bitcoin. Estas transacciones se agregan como "bloques" al libro mayor de blockchain, que es la tecnología detrás de la criptominación.

Los mineros que realizan este trabajo necesitan una potencia informática considerable, lo que tiene un costo. Es por eso que cuando se agrega un bloque a la cadena de bloques, el minero que lo trabajó es compensado con Bitcoins, también conocido como "concesión de minero" o "concesión de bloque".

Así es también como se agregan nuevos Bitcoins a la cadena de suministro, ya que se libera una cantidad fija de nuevos Bitcoins en cada transacción masiva. Los mineros pueden vender sus bitcoins ganados a través de un intercambio.

La reducción a la mitad de Bitcoin se refiere a la reducción del 50% en la compensación a los mineros que mantienen la red Bitcoin. Lo que más entusiasma a los comerciantes e inversores es lo que podría suceder con el precio de Bitcoin durante este período.

Cuándo y cómo sucederá

La reducción a la mitad de Bitcoin se realiza, como anticipamos, aproximadamente una vez cada cuatro años o cada vez que se extraen 210,000 bloques. La reducción a la mitad en mayo de 2020 se llevará a cabo en el bloque 630.000. Aunque los bloques se agregan a la cadena de bloques aproximadamente cada 10 minutos, la fecha y hora exactas pueden ser difíciles de precisar, ya que el efecto compuesto de pequeñas variaciones puede marcar una gran diferencia.

Muchos analistas predijeron que la reducción a la mitad de Bitcoin probablemente se produciría entre el 10 y el 12 de mayo. Parece que será así. Según las estimaciones más precisas, el bitcoin 2020 será el 12 de mayo.

Esta reducción a la mitad reducirá las recompensas del minero de 12,5 bitcoins por bloque a 6,25 bitcoins.

Cuando se lanzó Bitcoin por primera vez, la recompensa para el minero era de 50 bitcoins; el 28 de noviembre de 2012, la cantidad se redujo a 25 bitcoins y el 9 de julio de 2016 a 12,5 bitcoins.

Sin embargo, lo que entusiasma a la mayoría de los comerciantes, inversores y entusiastas de criptomonedas es el hecho de que la cantidad de bitcoins que ingresan a la cadena de suministro se reducirá mientras que la demanda se mantendrá en el mismo nivel. Este cambio en la oferta frente a la demanda podría ayudar a elevar el precio de la criptomoneda.

Dado que la reducción a la mitad de Bitcoin ya ha sucedido dos veces en el pasado, echemos un vistazo al cambio en el precio de Bitcoin en ese momento.

Si bien es imposible decir con certeza cómo reaccionarán los precios a la reducción a la mitad de Bitcoin en 2020, podemos ver cómo ha reaccionado el precio de Bitcoin a los bitcoins anteriores.

En las dos reducciones a la mitad anteriores de Bitcoin, el precio de Bitcoin vio aumentar su valor un año antes y un año después. Ambos casos se dieron en un contexto general de crecimiento del mercado de criptomonedas y estabilidad económica global, lo que hace que 2020 sea un año muy diferente debido al impacto de Covid-19.

Otro factor importante a recordar es que este evento es muy esperado y, por lo tanto, es posible que parte del aumento potencial en el valor de bitcoin ya esté incluido en el precio cotizado antes de la reducción a la mitad de Bitcoin. Sin embargo, para capitalizar cualquier posible movimiento de reducción a la mitad de Bitcoin, es esencial contar con las herramientas adecuadas.

Una excelente manera de comenzar es abrir una cuenta de operaciones de demostración gratuita para practicar sus ideas y estrategias comerciales en un entorno virtual hasta que se sienta listo para invertir con dinero real. Es una excelente manera de desarrollar sus habilidades hasta que esté listo para una cuenta comercial real. Además, tendrá acceso a una variedad de beneficios, que incluyen análisis de mercado gratuito, acceso a herramientas e indicadores avanzados de Trading Central, y mucho, mucho más.

CAPÍTULO TRECE
CÓMO NEGOCIAR

Cualquiera que esté mínimamente interesado en aprender sobre criptografía ha participado en alguna forma de comercio. A medida que se presta cada vez más atención, los nuevos participantes quieren ingresar al mercado y obtener su porción de cripto pastel.

Cómo operar con criptomonedas

Entonces, tiene algo de dinero que quiere invertir. ¿Cómo piensa proceder? Los portales que conectan nuestro mundo con los mundos criptográficos se denominan "intercambios". Hay muchos intercambios, pero antes de elegir invertir en alguno de ellos, hay algunas cosas que debe tener en cuenta. Llamémoslo la "Lista de verificación de intercambio".

Validez

Antes de hacer nada, primero asegúrese de que el intercambio esté disponible en su área. Por ejemplo, Coinbase, uno de los intercambios más grandes, no está disponible en India e Indonesia. Entonces, antes de hacer algo, mira esto.

Reputación

Lo siguiente que debe verificar es la reputación del intercambio. ¿La gente está contenta con sus servicios? ¿Ha sido pirateado recientemente? ¿Qué tan seguro es? ¿Se ha quejado la gente? Twitter y Reddit son excelentes fuentes para verificar esto.

Los tipos de cambio

El siguiente paso son los tipos de cambio. Los diferentes intercambios tienen sus propios tipos de cambio que pueden variar. Hagasus deberes aquí y busque 3 o 4 intercambios y sus tarifas.

Seguridad

Elija siempre los intercambios que necesiten su verificación de identidad. Si bien pueden tomar algún tiempo, son fácilmente 100 veces más seguros y más seguros que los intercambios anónimos. En última instancia, es su dinero duramente ganado. Tiene que dar un paso más para mantenerlos a salvo.

Cómo empezar a operar

Para proteger su criptomoneda, debe tener una billetera. La billetera guarda su clave privada y dirección pública, lo que le ayuda a almacenar, enviar y recibir criptomonedas. Si bien esto debería quedar muy claro para usted, echemos un vistazo rápido al significado de la clave privada y la dirección pública:

clave privada: la clave privada le da derecho a iniciar sesión y enviar su dinero;

dirección pública: esta es la dirección a la que todo el mundo le enviará dinero.

Una cosa para recordar antes de continuar, la dirección pública es lo que le dará a otros para enviar su dinero.

NO HAGA y repetimos NO le dé su clave privada. La clave privada es solo para ti. Si le da su clave privada a extraños, ellos tendrán acceso a su dinero.

Todas las carteras criptográficas se dividen en las siguientes dos categorías:

preservación cálida;

Cuarto frío.

Almacenamiento en caliente frente a almacenamiento en frío

Antes de profundizar, usemos una analogía para entender la diferencia entre los dos. La cálida billetera es como la billetera que lleva en el bolsillo. Le da fácil acceso a su dinero, pero es bastante vulnerable.

La cámara fría, por otro lado, es como su cuenta de ahorros. Muy poco práctico para el uso diario, pero extremadamente seguro al comparar los dos.

Conservación cálida

Una billetera conectada a Internet se denomina "almacenamiento en caliente". A continuación, se muestran algunos ejemplos de billeteras calientes, pero antes de llegar al corazón de cada una de estas billeteras, veamos los pros y los contras de las billeteras calientes.

Ventajas de Hot Wallets:

le brinda acceso rápido, fácil e inmediato a sus fondos;

obtener soporte fácil en diferentes dispositivos;

muy fácil de usar e ideal para principiantes.

Carteras calientescons:

vulnerable a los piratas informáticos y el ciberdelito;

a menos que las claves se hayan guardado cuidadosamente, si el dispositivo está dañado, la billetera también se dañará;

el dispositivo donde se almacena la billetera caliente, como la computadora portátil, el teléfono, etc., también es susceptible de robo físico.

Entonces, ahora que tiene una idea general de lo que es un Hot Wallet, veamos algunos de los tipos más populares.

Hot Wallet: intercambiar carteras

Esta es la billetera más simple que puedas crear. De hecho, si siguió nuestras instrucciones y creó su cuenta de Coinbase, ¿adivinen qué? ¡Ya ha creado su billetera de intercambio!

Los beneficios son obvios. Ya está vinculado a su cuenta y le brinda un acceso rápido y fácil para operar. En cualquier caso, esto también significa que eres vulnerable a los ataques. Recuerde que los intercambios son un objetivo constante para los piratas informáticos. Le recomendamos que no mantenga una parte importante de sus criptomonedas en carteras de intercambio, sino solo lo que necesita para operar.

Hot Wallet: carteras de escritorio y carteras móviles

Las carteras de escritorio y las carteras móviles se han

vuelto cada vez más populares. Las carteras de escritorio ofrecen más seguridad que las carteras de cambio. Su configuración también es muy sencilla. ¡Todo lo que tiene que hacer es descargar el cliente a su computadora portátil / escritorio y listo! MultiBit proporciona una excelente billetera de escritorio para almacenar Bitcoins.

Sin embargo, existe un problema con las carteras de escritorio. No son las opciones más flexibles. Después de todo, no se puede acceder a las billeteras desde ningún otro escritorio, aparte del que se descargó.

Por eso, para más usuarios que desean flexibilidad, las billeteras móviles son una opción bastante asequible. La configuración es tan simple como descargar una aplicación a su teléfono. MyCelium es una billetera móvil bastante popular tanto para Android como para iOS.

El problema con estas dos carteras es que, al estar almacenadas en un dispositivo conectado a Internet, son vulnerables a virus y piratas informáticos.

Hot Wallet: billetera multimarca

¿Alguna vez has visto uno de esos casilleros de la vieja escuela que requieren varias llaves para abrirse? ¿O esos cofres del tesoro que necesitan que se abran 3 o 4 personas al mismo tiempo?

Esto le dará una idea de cómo funcionan las carteras con múltiples firmas o las carteras con múltiples firmas. La mayoría de las ICO utilizan carteras multifirma para recaudar y mantener sus fondos. Entonces, ¿por qué querría usar carteras multifirma?

Para protegerse contra la corrupción: todos hemos escuchado historias de ICO que ganan millones de dólares en su venta a la multitud. ¿Qué impide que todos estos desarrolladores se lleven el dinero y se vayan? La codicia humana es poderosa, después de todo. En situaciones como estas, es mucho más prudente aceptar fondos en una billetera de varios dígitos, donde todo el dinero y el poder no dependen de un solo ser humano.

Más seguridad y seguro: dado que los fondos están en una billetera multifirma, automáticamente estarán más seguros porque ya no dependen de los caprichos de una sola persona. Además, si envío mi dinero a una dirección con billeteras multifirma, también me sentiré seguro de que mis fondos no están siendo mal administrados.

Cuarto frío

Si bien las carteras calientes ofrecen una gran accesibilidad, el hecho es que son extremadamente inseguras. Por eso es más prudente guardar la mayor parte de los fondos en un ColdWallet. Una billetera fría está completamente desconectada de Internet, lo que la mantiene automáticamente a salvo de piratas informáticos y virus.

Ejemplos de carteras para almacenamiento en frío incluyen:

billetera de hardware;

billetera de papel.

Antes de aprender a configurar cada uno de estos aspectos, intentemos comprender los pros y los contras de las carteras refrigeradas.

Pros:

100% a salvo de piratas informáticos y virus;

un gran lugar para almacenar y salvaguardar sus monedas durante un largo período de tiempo.

Contras:

extremadamente impráctico para las transacciones diarias;

no es apto para principiantes;

todavía es vulnerable a la falta de atención humana.

Bueno, ahora que hemos cubierto eso, descubramos cómo configurar Cold Wallets.

Cuarto frío - Carteras de hardware

Las carteras de hardware son dispositivos físicos en los que puede almacenar su propia moneda cifrada.

La forma más común de Hardware Wallet es el estilo USB que fue defendido por la empresa francesa Ledger. Las razones que han traído tanta popularidad a las carteras de hardware son la seguridad y la capacidad de almacenamiento de una cartera fría. Esto hace que las transacciones sean muy simples. Básicamente, funciona y anula el mayor inconveniente de Cold Wallets.

Ventajas de las carteras de hardware

Como se trata de una billetera fría, su clave privada estará segura. Las claves se almacenan en el área segura de un microcontrolador y no se pueden transferir fuera del dispositivo

Están diseñados para ser elegantes y se pueden llevar fácilmente.

Las transacciones son extremadamente fáciles. Todo lo que tiene que hacer es ingresar a su billetera y luego seguir las instrucciones provistas para realizar sus transacciones. La interfaz de usuario de Wallets es muy fácil de usar.

Extremadamente seguro y protegido. En cuanto a la escritura, no ha habido casos de piratería de carteras de hardware.

Tiene la capacidad de almacenar múltiples direcciones para enviar sus fondos.

La billetera está protegida por un código PIN, por lo que incluso si cae en las manos equivocadas, no podrán acceder a sus fondos. Al ingresar el código PIN incorrecto 3 veces, la billetera se cerrará. En caso de cierre, todavía es posible recuperar los fondos siguiendo los detalles de la restauración.

Contras de carteras de hardware

Como todos los productos, estas carteras también pueden tener defectos de diseño. Recientemente, se descubrió una falla de diseño en Ledger que lo hacía potencialmente vulnerable. Ledger se ha enfrentado al problema desde entonces.

Es un artículo físico real, lo que significa que puede ser

robado o dañado.

No son los más versátiles a la hora de almacenar criptomonedas. Trezor almacena 10 tipos de monedas, mientras que Ledger almacena alrededor de 23.

Finalmente, deberá confiar en que la empresa que está creando su Cartera de hardware es ética y no intentará interferir con el diseño de la misma. Requiere confianza en un entorno que debe ser sin confianza.

Entonces, ahora que se han abordado los pros y los contras, ¡veamos cómo puede crearlo! Sin duda, las dos carteras de hardware más populares del mundo son Trezor y Ledger Nano S.

Trezor

Trezor es una empresa con sede en Praga que ha fabricado una de las carteras de hardware más sencillas y fáciles de usar. Es realmente estúpidamente fácil de usar y el diseño es tan elegante y ligero que puede llevarlo a cualquier parte. Es compatible con Windows, Mac y Linux y su uso es simple, simplemente conéctelo a su computadora portátil y conéctelo con una de las siguientes interfaces:

Mi Trezor;

Multibit;

Electrum.

Libro mayor Nano S

Ledger, es una empresa con sede en París que le ha dado a la comunidad criptográfica una de las carteras de hardware más populares, elegantes y fáciles de usar. Almacenan todos sus datos en una tarjeta inteligente que los mantiene a salvo de los piratas informáticos. Para usarlo, simplemente conéctelo a su computadora portátil y conéctelo a una de las siguientes interfaces:

Micelio;

Eléctrico;

Dirección verde;

Greenbits;

CoinKite;

Copago;

MyEtherWallet.

Cuarto frío - Carteras de papel

Las carteras de papel a menudo se consideran la forma

más segura de almacenar su criptomoneda. La idea detrás de una billetera de papel es muy simple. Configura una billetera fuera de línea siguiendo unas simples instrucciones y luego simplemente imprime las claves pública y privada en una hoja de papel. Las claves también se imprimirán en forma de un código QR que puede escanear para acceder a sus fondos.

Entonces, las preguntas que debe hacerse ahora son: ¿necesita una billetera de papel?

La respuesta es, depende.

¿Va a utilizar sus fondos con bastante regularidad? Entonces no. Las carteras de papel serán una molestia cuando se utilicen de esta manera. Entonces será mejor que consiga una cartera de hardware.

Sin embargo, si planea retener sus fondos durante un período prolongado de tiempo, entonces, sin lugar a dudas, Paper Wallet es el camino a seguir.

CAPÍTULO CATORCE LOS 10 MEJORES INVERSIONISTAS EN CRIPTOMONEDAS

La popularidad y los valores de las criptomonedas en la actualidad son innegables.

Lejos del escepticismo inicial de 2009, cuando Satoshi Nakamoto publicó el histórico "White Paper" con el que presentó Bitcoin, esta y otras criptomonedas han ganado un lugar importante en el mundo financiero contemporáneo, y cada vez se pueden pagar más productos y servicios. con criptomonedas.

Si bien las criptomonedas han tenido fuertes fluctuaciones de precios que pueden haber levantado algunas dudas entre los potenciales inversores, lo cierto es que la mayoría de quienes han optado por invertir su dinero en criptomonedas han logrado buenos resultados económicos.

Esta lista abarca desde aquellos que han construido grandes fortunas invirtiendo y comerciando con criptomonedas, hasta otros que han creado algunas de las criptomonedas que se encuentran entre las más populares en la actualidad.

1. El primero es Chris Larsen, cofundador de Ripple, estadounidense, graduado de Stanford. Posee el 17% de la empresa que controla 61 mil millones de los 100 mil millones de tokens XRP que se emitirán en total. Su fortuna en criptomonedas se estima en $ 7.5 mil millones.

2.Luego, tenemos a Joseph Lubin, creador canadiense de ConsenSys, y cofundador de Ethereum, otra criptomoneda de las más utilizadas en la actualidad. Lubin estudió en Princeton y su fortuna se estima entre 2 y 3 mil millones.

3. Hay hermanos Winklevoss (Tyler y Cameron) cofundadores de Winklevoss Capital. Comenzaron a invertir en Bitcoin a partir de 2012 y crearon Gemini Exchange, que es ampliamente reconocido en el mundo de las criptomonedas. Su fortuna ronda los mil millones de dólares.

4. En esta lista, también está Matthew Mellon, quien falleció justo cuando escribimos este artículo, que era inversor de Bitcoin cuando la mayoría del público aún no conocía las criptomonedas y que, tras vender su

Bitcoin, había invertido 2 dólares. millones en Ripple, obteniendo además una gran plusvalía de esta inversión. Ahora, luego de su muerte, la pregunta es quién se hará cargo del paquete Ripple que era de su propiedad y que había declarado mantener guardado en varios Hardware Wallets a nombre de distintas personas y en varios lugares de Estados Unidos.

5. En el mundo de las criptomonedas, todo el mundo conoce el CoinBase Exchange, cuya aplicación móvil se encuentra entre las más descargadas en Estados Unidos. Su director general es el estadounidense Brian Armstrong, que estudió en la Universidad de Rice y que, en gran parte gracias a CoinBase, ha llevado su fortuna a casi $ 1000 millones.

6.Matthew Roszak es un empresario estadounidense que inicialmente hizo fortuna con varias empresas de software antes de adentrarse en el mundo de las criptomonedas. Sus inversiones en criptomonedas, así como sus proyectos Tally Capital y Bloq, le han permitido construir una fortuna de unos 900 millones de dólares.

7. Otro canadiense en el ranking es Anthony Di Iorio, quien estudió en la Universidad de Ryerson y ha invertido en varias criptomonedas, incluidas Qtum,

Verchain y ZCash. Es uno de los cofundadores de Ethereum. Su fortuna supera los $ 750 millones.

8. Un estadounidense Brock Pierce, administrador de la Fundación Bitcoin, fue uno de los primeros en apostar por las criptomonedas. Durante la primera década del siglo XXI, fundó Internet Gaming Entertainment, una plataforma de juegos en Internet de gran éxito. Su fortuna supera los $ 700 millones.

9. Otro nombre importante a enumerar es Michael Novogratz, CEO estadounidense de Galaxy Digital, una de las casas de comercio de criptomonedas más grandes de Wall Street, quien creía firmemente en las criptomonedas en las que ha invertido millones de dólares y esto le ha permitido aumentar su fortuna. ahora se estima en alrededor de $ 700 millones.

10. La lista termina con el chino Changpeng Zhao, un graduado de la Universidad McGill, que también es una de las mentes más brillantes en criptomonedas. Ha estado involucrado en varios proyectos de criptomonedas, incluido su más reciente y ya legendario, Binance, que aparece de la nada en 2017 para convertirse en el intercambio más grande del mundo en menos de un año. Su fortuna oscila entre $ 1 y $ 2 mil millones.

CAPÍTULO QUINCE CRIPTOMONEDA EN EL FUTURO

Los gigantes de la web y los bancos centrales los encuentran particularmente interesantes, pero el Grupo de Acción Financiera Internacional (la organización intergubernamental fundada por iniciativa del G7 para desarrollar políticas para combatir el lavado de dinero) - teme que también puedan ser utilizados en contextos ilegales para promover el lavado de dinero. y financiar el terrorismo internacional. La criptomoneda, que se utiliza desde hace más de diez años, tiene varios potenciales, pero también numerosos riesgos, sobre los que todavía no hemos podido arrojar ninguna luz definitiva.

Blockchain y criptografía: los ingredientes de las criptomonedas

Las criptomonedas son representaciones digitales valiosas que utilizan tecnologías peer-to-peer (es decir, entre dos dispositivos directamente, sin la necesidad de intermediarios) para comprar bienes y servicios. Los nodos de las redes están formados por computadoras que potencialmente se pueden distribuir por todo el mundo, en ellas se ejecutan programas especiales que realizan funciones de monedero. Las transacciones y la liberación se llevan a cabo colectivamente en la red, por lo que no existe una administración centralizada ni una autoridad de control.

El control descentralizado de cada criptomoneda funciona a través de una cadena de bloques, que actúa como base de datos de transacciones financieras públicas. La cadena de bloques consiste en una lista de registros en constante crecimiento, llamados bloques, que están vinculados y protegidos por cifrado.

Bitcoin: la criptomoneda del misterioso nakamoto

Hay más de 6.000 criptomonedas en el mundo. El primero en ser conocido a gran escala, y quizás el más famoso, es Bitcoin. Fue creado en 2009 por un misterioso informático cuyo único alias conocido, Satoshi Nakamoto. Hasta la fecha, un Bitcoin vale algo menos de 9 mil euros, valor que ha mantenido con algunas fluctuaciones durante el último año. Se espera que se emita un número limitado de Bitcoins en las próximas décadas: 21 millones de unidades para 2140. A pesar de su popularidad, la seguridad de Bitcoins no es segura: la escritura en la base de la cadena de bloques podría ocultar algunas imperfecciones fácilmente explotables por ciber criminales.

Ethereum y Altcoins

A lo largo de los años, han surgido otras criptomonedas, Altcoins, que afirman ofrecer a los usuarios requisitos de privacidad y seguridad más avanzados que su hermana mayor. Uno de los más conocidos es el Ethereum, nacido en 2015. Es capaz de digitalizar de forma segura la celebración de una amplia variedad de contratos: transacciones financieras, sistemas electorales, registro de nombres de dominio, plataformas de crowdfunding, propiedad intelectual y seguros. La principal diferencia con Bitcoin es que Ethereum no es solo una red para el intercambio de valor monetario, sino una red que admite una multitud de transacciones. Los contratos de Ethereum pagan por el uso de su poder de cómputo a través de una criptomoneda, Ether, que también tiene la función de dar soporte a la plataforma. Hasta la fecha, un Ether vale algo menos de 300 euros, desde sus inicios solo ha superado los 1000 euros en 2018.

Potenciales y riesgos

Tras la crisis financiera de 2008, las criptomonedas han tenido un éxito considerable, presentándose en el mundo de los mercados como la nueva forma de dar y recibir garantías en las transacciones financieras. Comprarlos, sin embargo, no es para todos; por el contrario, debido a su volatilidad, las criptomonedas se consideran una inversión de alto riesgo. A día de hoy, las criptomonedas no pueden considerarse monedas, sino inversiones financieras. No son comparables al dinero por dos razones: primero, no son un instrumento de pago generalizado y eficiente, la segunda razón es la inestabilidad de su valor. Como inversiones financieras, tienen una alta volatilidad, por lo que pueden complacer a los amantes del riesgo y a aquellos que aprecian su presunto anonimato.

Anonimato: ¿realidad o utopía?

El blockchain estándar que comenzamos a conocer con Nakamoto no es un sistema totalmente anonimizado sino pseudoanonimizado, de hecho, es posible rastrear los flujos de Bitcoin de manera muy efectiva y, en consecuencia, rastrear las transacciones realizadas a identidades específicas presentes en el sistema. En cuanto a la legalidad de las transacciones, todo depende del tipo de plataforma en la que se comercializa. Si alguien quiere cometer un delito, puede ir fácilmente al Bitcoin: todo lo que necesita hacer es mantenerse alejado de los mercados regulados (plataformas que agrupan códigos anónimos) que respetan las reglas de los países donde operan y, en cambio, eligen plataformas que sí lo hacen. no importa la legalidad. En los mercados regulados, de hecho, la cadena de bloques no solo permite rastrear transacciones y descubrir delitos,

El Zuckerberg Libra y las stablecoins

Desde hace algunos años también se habla de Stablecoins, un nuevo tipo de criptomoneda. El ejemplo más famoso es Libra, lanzado en 2019 por el creador de Facebook Mark Zuckerberg. Pero el proyecto aún está congelado, mientras que otra Stablecoin, Gram, diseñada por Pavel Durov, murió antes de que viera la luz, invalidada por el American Sec.

Pero, ¿en qué se diferencia esta nueva generación de criptomonedas del Bitcoin? Para superar la inestabilidad del valor de las criptomonedas, algunos emisores prometen anclar la tendencia en una canasta de monedas o activos financieros públicos existentes. Pero, ¿qué tan creíble es esta promesa, dado que no estamos hablando de estados soberanos, sino de operadores privados? Incluso las Stablecoins siguen siendo apuestas. Lo cierto es que el Grupo de Acción

Financiera ha enviado un informe sobre estas nuevas criptomonedas a los ministros de finanzas del G20 y gobernadores de bancos nacionales, que está monitoreando desde 2014, en el que reitera el riesgo de que sean utilizadas para lavado de dinero.

Moneda pública digital

Este año, sin embargo, tras la apertura digital impuesta por la emergencia de Covid, los bancos centrales se han interesado por el mundo de las criptomonedas y se están preparando para acuñar monedas hechas de bits. Según el Bri (Banque des RèglementsInternationaux), el 80% de los bancos centrales están trabajando en ello, el 40% ha iniciado experimentos, el 10% ha puesto en marcha proyectos piloto. La Fed también está investigando con el MIT sobre el tema y China lanzó un programa a principios de año, en abierto desafío al dominio del dólar.

Es solo cuestión de tiempo que los bancos centrales tarde o temprano tengan que producir dinero público digital. Sin embargo, la emisión de esta moneda es una caja de Pandora, porque abre interrogantes técnicos y políticos tanto en política monetaria como en supervisión bancaria y financiera. Entonces solo tenemos que esperar.

CAPÍTULO DIECISÉIS
LIBRA FACEBOOK

Libra es la criptomoneda anunciada por Facebook en junio de 2019 y promete revolucionar el universo de pagos y transacciones financieras. Su anuncio despertó elogios y consensos, pero también dudas y críticas. En los meses posteriores al lanzamiento, las autoridades financieras de todo el mundo se movieron para verificar los aspectos controvertidos, algunos de los principales líderes económicos y financieros del mundo expresaron posiciones opuestas y algunas de las organizaciones que inicialmente apoyaron a Libra se retiraron.

El último en orden de tiempo es Vodafone: la compañía, inicialmente entre los partidarios del proyecto, ha dado a conocer que los recursos previamente asignados a Libra serán redirigidos a su servicio consolidado de pago digital M-Pesa, actualmente activo en 6 naciones africanas. Hasta el día de hoy, muchas personas temen que las criptomonedas nunca vean la luz, a pesar de que Facebook, hasta hace poco, parecía dispuesto a seguir su camino. Por otro lado, a finales de enero Mark Zuckerberg anunció el lanzamiento internacional de WhatsApp Pay, un sistema de pago vía chat. Aún no está claro cómo encajará la nueva solución en el "ecosistema de pagos de Facebook". Pero veamos qué es Libra y cómo funciona, qué ha sucedido hasta ahora y qué esperar del futuro.

El lanzamiento de Libra

"Queremos que sea fácil para todos enviar y recibir dinero al igual que nuestras aplicaciones para compartir mensajes y fotos", escribió el fundador y CEO Mark Zuckerberg el 18 de junio de 2019 en una publicación en la red social con la que dio la noticia y proporcionó Detalles adicionales. El proyecto, que debería despegar en 2020, no se limita a crear una nueva criptomoneda, sino que implica el desarrollo de todo un ecosistema: una infraestructura financiera global accesible a miles de millones de personas. La iniciativa está gobernada por la Asociación Libra, una asociación sin fines de lucro con sede en Ginebra, que actualmente incluye a unos 20 miembros, incluidas empresas, organizaciones sin fines de lucro e instituciones académicas internacionales, pero el objetivo es llegar a 100 miembros por año. Mientras tanto, sin embargo, después del anuncio oficial, Libra ha estado bajo presión de muchos sectores, particularmente por el tema de su regulación. En la primera semana de julio, la Reserva Federal de los Estados Unidos declaró que los planes de Facebook para crear una moneda digital "no pueden continuar" hasta que se aclaren todos los temas controvertidos. La empresa respondió inicialmente que se basaba en un diálogo constructivo. Luego, a principios de agosto, Mark Zuckerberg, en una publicación, dio una especie de retroceso, advirtiendo que Libra y su subsidiaria Calibra podrían experimentar retrasos importantes o incluso nunca ser lanzados. ¿Una táctica para contrarrestar la presión y las críticas que le llovieron de muchos lados desde que anunció la criptomoneda de Facebook?

En la primera semana de julio, la Reserva Federal de los EE. UU. Declaró que los planes de Facebook para crear una moneda digital "no pueden continuar" hasta que se aclaren todos los temas controvertidos. La empresa respondió inicialmente que se basaba en un diálogo constructivo. Luego, a principios de agosto, Mark Zuckerberg, en una publicación, dio una especie de retroceso, advirtiendo que Libra y la subsidiaria Calibra podrían experimentar retrasos importantes o incluso nunca ser lanzados. ¿Una táctica para contrarrestar la presión y las críticas que le llovieron de muchos lados desde que anunció la criptomoneda de Facebook? ¿O un auténtico anverso?

Una cosa es cierta: todos los bancos quieren ver esto con claridad. El 16 de septiembre, representantes de la Reserva Federal de Estados Unidos, el Banco de Inglaterra y otros 24 bancos centrales se reunieron con representantes del proyecto Libra en la ciudad suiza de Basilea para discutir cómo funcionará la cadena de bloques y los objetivos perseguidos.

El camino de Libra parece cada vez más cuesta arriba: a finales de septiembre de 2019 algunos socios financieros relevantes como Visa y Mastercard comenzaron a revisar su participación en la criptomoneda de Facebook, preocupados por las decisiones que tomarán los reguladores. Después de eso, en octubre de 2019, Paypal, eBay, Visa, Mastercard y Booking anunciaron definitivamente su deserción. Pero mientras tanto, veamos qué llevó a su nacimiento y por qué.

El 18 de junio de 2019, con una publicación en Facebook, el fundador y CEO de la red social, Mark Zuckerberg, lanzó la nueva moneda llamada Libra y al mismo tiempo la asociación sin fines de lucro del mismo nombre junto a otras 28 organizaciones internacionales alrededor del mundo. La noticia se había anticipado la semana anterior, pero durante algún tiempo, al menos durante un par de años, el gigante de Internet había estado trabajando en la operación. Durante el último año y medio, Facebook ha tenido una relación fluctuante con las criptomonedas. Por un lado, ha mostrado interés, filtrando también noticias sobre posibles adquisiciones en esta área (por ejemplo, Coinbase, una conocida empresa de intercambio de criptomonedas). Por otro lado, los anuncios de moneda digital a menudo se han bloqueado y prohibido en sus plataformas durante largos períodos.

El punto de inflexión fue un gesto de Zuckerberg que los medios de comunicación pasaron por alto en silencio: en enero de 2018, adquirió una licencia en Irlanda para ofrecer préstamos personales a sus 2.070 millones de usuarios. Luego, durante los últimos seis meses, el interés se ha vuelto gradualmente más concreto con varios rumores sobre el tema de una posible criptomoneda por parte de Facebook, hasta el anuncio oficial.

Por tanto, Facebook ha entrado oficialmente en el mundo de los pagos, más precisamente en el de las criptomonedas. El objetivo declarado es brindar acceso al sistema financiero a los aproximadamente 1,7 mil millones de adultos no bancarizados presentes en el mundo hoy en día, es decir, todos aquellos que no cuentan con una cuenta bancaria o servicios similares.

Los miembros fundadores

Hay tres elementos clave del proyecto Libra: la asociación de actores que lo rige, la cadena de bloques en la que se basa y la criptomoneda con la que se utiliza. En definitiva, Libra es un ecosistema no monolítico, que reúne por primera vez a empresas, asociaciones e inversores de diferentes sectores. En cuanto a la asociación que rige el proyecto, se llama Libra Association y es una organización sin fines de lucro con sede en Ginebra, que inicialmente incluía a 28 miembros entre empresas, organizaciones multilaterales y sin fines de lucro, instituciones académicas de todo el mundo.

Estas organizaciones se unen a la asociación participando activamente en la red Libra, ejecutando un nodo de validación en la red y sirviendo en el gobierno a cambio de recompensas generadas por tarifas de transacción, tarifas de conversión e intereses de depósito.

Los miembros fundadores que en junio de 2019 se

comprometieron a trabajar por el desarrollo, difusión y aceptación de la nueva criptomoneda fueron:

sector de pagos: Mastercard, PayPal, PayU (brazo fintech de Naspers), Stripe, Visa;

sector de tecnología y mercados: Booking Holdings, eBay, Facebook / Calibra, Farfetch, Lyft, MercadoPago, Spotify AB, Uber Technologies, Inc.;

sector de telecomunicaciones: Iliad, Vodafone Group;

sector blockchain: Anchorage, Bison Trails, Coinbase, Inc., Xapo Holdings Limited;

sector de capital de riesgo: Andreessen Horowitz, Breakthrough Initiatives, Ribbit Capital, Thrive Capital, Union Square Ventures;

Organizaciones multilaterales y sin fines de lucro e instituciones académicas: Creative Destruction Lab, Kiva, Mercy Corps, Women's World Banking.

Las condiciones requeridas para convertirse en miembro deben ser al menos dos de tres de las siguientes:

valor: más de $ 1 mil millones en valor de mercado o más de $ 500 millones en saldos de cuentas de clientes;

escala: llegar a más de 20 millones de personas por año, en varios países;

sostenibilidad: ser reconocido como Top-100 por asociaciones de medios o terceros en el área de sostenibilidad (por ejemplo, por Interbrand Global 100, Fortune 500, S&P Global 1200, FTSE Eurotop 300).

Los Miembros Financiadores serán remunerados por su trabajo. De hecho, tendrán derecho al token de inversión Libra, un segundo token de la plataforma, vinculado a los rendimientos de los valores en poder de la reserva Libra. Al parecer, Facebook trabajó durante más de un año en un proyecto que luego compartió tanto la gobernanza como los ingresos potenciales con otros jugadores. El Libro Blanco también habla del objetivo futuro de una mayor apertura de la red, incluso haciéndola totalmente desprovista de permisos, modificando en consecuencia el mecanismo de remuneración previsto hoy. Sin embargo, ni Apple, ni Google, ni Amazon, ni Microsoft se encuentran entre los socios y tampoco hay banco. Toda la información técnica se puede encontrar en el sitio web www.libra.org.

Miembros fundadores: las deserciones

La presencia de los gigantes del mundo de los pagos,

desde Mastercard hasta Visa, desde PayPal hasta Stripe, debería haber funcionado como garantía para la fiabilidad del proyecto. En cambio, entre septiembre y octubre de 2019, todos estos actores abandonaron. EBay y Booking, parte de esos grupos de alta tecnología que deberían haber adoptado Libra como herramienta de pago, también han decidido no participar.

El 14 de octubre, la Asociación Libra formalizó su junta directiva y su equipo ejecutivo, con el CEO David Marcus (ex líder de blockchain en Facebook). De los 28 miembros iniciales que mostraron interés, 21 firmaron formalmente el estatuto de la Asociación Libra, la entidad a cargo de administrar y gobernar la arquitectura blockchain de criptomonedas. La Asociación ha visto las deserciones de Mastercard, VISA, Paypal, Mercado Pago, eBay, Stripe, Booking Holdings, dejando a PayU como la única empresa de pago en este momento.

Además del citado David Marcus (Calibra), que estuvo a cargo del proyecto desde el principio, fueron nombrados miembros de la junta Matthew Davie (Kiva), Patrick Ellis (PayU), Katie Haun (Andreessen Horowitz) y WencesCasares (Xapo). Luego, la junta votó sobre el equipo ejecutivo de la asociación, compuesto por Bertrand Pérez, director de operaciones y presidente, Dante Disparte, director de políticas y comunicaciones y vicepresidente, y Kurt Hemecker, director de desarrollo comercial.

Al mismo tiempo, nuevamente el 14 de octubre, la asociación confirmó que había recibido indicios de interés de más de 1.500 contrapartes, con 180 contrapartes que cumplen con los criterios requeridos para convertirse en miembros fundadores. Objetivo: llegar a 100 miembros.

Vodafone también abandonó el juego el 22 de enero de 2020. Fue la octava deserción de la Asociación Libra: prácticamente un tercio de los miembros iniciales se fueron. Vodafone ha manifestado su intención de concentrar sus recursos en el proyecto M-Pesa, un sistema de transferencia de dinero y microcrédito lanzado en 2007 por la filial Safaricom, actualmente solo disponible en algunos países: Kenia, Tanzania, Afganistán, Sudáfrica, India, Rumania y Albania. Ahora Vodafone apuntaría a expandir M-Pesa a otros países.

Cómo funcionará la billetera Calibra

Libra no es la única entidad que se reveló al mundo el 18 de junio. De hecho, Calibra, una empresa controlada directamente por Facebook, también se presentó oficialmente. Calibra es la primera billetera disponible para administrar la nueva criptomoneda y realizar transacciones a través de esta moneda digital. Su prerrogativa es simplificar la experiencia del usuario con respecto a la gestión compleja de claves privadas y claves públicas que, en cambio, normalmente se proporciona en todas las plataformas blockchain, incluida Libra.

Las carteras son ampliamente utilizadas por todos los poseedores de criptomonedas y será interesante ver si otras carteras integran la posibilidad de realizar transacciones a través de Libra. Sin embargo, Calibra será sin duda la única herramienta que se integrará perfectamente con Whatsapp y Messenger, las principales plataformas de mensajería gestionadas por Facebook, haciendo que el intercambio de dinero sea tan sencillo como enviar una foto.

Calibra también tendrá la función de velar por el cumplimiento de la normativa AML (Anti Money Laundering, Anti-Money Laundering) y realizar el KYC de los usuarios ("Conozca a su cliente", el proceso de reconocimiento que utilizan las empresas para verificar la identidad de sus clientes). en cumplimiento de la normativa vigente. También abrirá nuevos escenarios para la gestión de identidad digital, permitiendo potencialmente un botón evolucionado de "iniciar sesión con Facebook" que se puede utilizar no solo para registrarse en sitios, sino también para acceder a servicios que requieren KYC, como financieros o de seguros.

Similitudes y diferencias con otras criptomonedas

Libra de Facebook es una criptomoneda. Pero actualmente hay al menos 2.238 criptomonedas en el mundo. ¿Cuáles son las peculiaridades de la moneda digital que emitirá a partir de 2020 la red social de Mark Zuckerberg? Fabio Pezzotti, fundador, director ejecutivo y presidente de Iconium Blockchain Ventures explica: "Si consideramos el grado de descentralización, en el caso del proyecto Libra, esto es limitado en comparación con las infraestructuras sin permiso y de código abierto como Bitcoin y Ethereum con mineros o nodos del orden de miles, y de hecho los requisitos mínimos impuestos por la asociación son muy restrictivos (por ejemplo, una inversión mínima de

$ 10 millones) y solo pueden ser cumplidos por unas pocas organizaciones en el mundo. En otras palabras, a diferencia de Bitcoin, Libra será una plataforma autorizada. Cada uno de los miembros de la Asociación Libra tendrá un nodo validador. En plataformas sin permisos como Bitcoin y Ethereum, cualquiera puede participar en el proceso de validación, mientras que en Libra los validadores serán decenas de grandes empresas internacionales".

En cuanto al blockchain utilizado, Facebook primero adquirió todo el equipo de ChainSpacestartup, para desarrollar un blockchain capaz de soportar 1000 transacciones por segundo y crear un nuevo lenguaje de programación conocido como "Move" para desarrollar sobre él. La seguridad es uno de los principios clave sobre los que se desarrolla este lenguaje, con el que será posible crear nuevos activos, lógicas y aplicaciones financieras descentralizadas en Libra.

La criptomoneda Libra está garantizada por una canasta de monedas fiduciarias (por ahora Euro, USD, GBP, Yen) que le permitirá tener un valor estable en el tiempo y permitirá a los consumidores y comerciantes superar los riesgos de volatilidad que hoy en día ponen en desventaja a las criptomonedas como medio de pago. No habrá política monetaria, es posible generar nueva Libra depositando dinero fiduciario y viceversa, es posible quemar Libra retirando dinero fiduciario.

La llegada de Libra podría desmarcar definitivamente la diferencia creada entre las criptomonedas y las formas digitales privadas de transferencia de valor. La entrada de Facebook en el mercado ciertamente ha atraído la atención de muchos profesionales y no. Finalmente, cada uno de estos activos está encontrando su posición dentro del mercado: Bitcoin, un activo refugio atractivo desde un punto de vista especulativo, Libra una moneda para realizar pagos y quizás otros proyectos en un mercado en constante expansión.

Facebook actualiza su proyecto de moneda digital

De los cambios realizados en el proyecto original enumerados en el Libro Blanco, el principal tiene como objetivo disipar las preocupaciones de los reguladores financieros de que Libra pueda interferir con las monedas nacionales y las políticas monetarias de los países individuales, gracias también al hecho de que puede llegar de inmediato un total de 2.500 millones de usuarios potenciales, el número de suscriptores de Facebook hasta la fecha. Para lograr esto, el sistema ahora también ofrecerá Stablecoins de moneda única, además de la Libra original respaldada por una canasta de monedas y valores de deuda, como Librausd (USD), Libraeur (EUR), Libragbp (GBP) y Librasgd (SGD). Esto permitirá a las personas y empresas en regiones cuyas monedas locales tienen Stablecoins de moneda única en la red Libra acceder directamente a Stablecoin en su propia moneda.

Las Stablecoins vinculadas a una sola moneda se podrán utilizar en cualquier parte del mundo. Un objetivo clave del proyecto económico de la red Libra es la confianza en un método de pago eficiente. Cada Stablecoin en la red Libra estará completamente respaldada por un grupo de activos líquidos de alta calidad y respaldada por una red competitiva de intercambios que compran y venden cada moneda. Esto significa que los propietarios de Libra deben tener un alto grado de certeza de que pueden convertir Libra en moneda local, afirma el Libro Blanco. Libra, por lo tanto, ahora parece casi una versión digital de las monedas.

Además, la asociación, consciente del hecho de que varios bancos centrales ahora se están moviendo para crear su propia moneda digital, espera que su sistema pueda integrarse perfectamente con las monedas digitales del banco central (CBDC) tan pronto como estén disponibles.

Facebook pide aprobación a Finma

El proyecto Libra "2.0" se presentó para su aprobación a Finma, la autoridad federal de supervisión de los mercados financieros en Suiza, el país donde tiene su sede la Asociación Libra.

CONCLUSIÓN

Si está leyendo la conclusión, significa que ha llegado al final del libro.

Espero que haya sido una lectura agradable y que el contenido haya sido interesante.

Espero que todo esto haya ayudado a mejorar su forma de operar con criptomonedas, ¡pero no solo eso!

También he tratado de ayudarlo a comprender lo importante que es tener un plan comercial, o comprender cuáles son sus objetivos o cuál es la mejor manera de administrar el riesgo.

También espero que con este libro descubras el método para hacer más rentable su trading, pero, sobre todo, que aprendas las herramientas para intentar salvaguardar su capital.

Como siempre digo, comerciar no significa jugar en el casino.

El comercio se ha convertido en su trabajo para muchos, y para algunos, en la posibilidad que les ha permitido incrementar significativamente su nivel de vida.

Pero detrás de todo esto hay estudio, preparación, disciplina, organización y, sobre todo, nunca improvisación.

Le deseo mucho éxito en el comercio y en otros tipos de negocios, ¡qué tenga una buena vida!

www.ingramcontent.com/pod-product-compliance
Lightning Source LLC
LaVergne TN
LVHW042050051026
849517LV00012B/671

* 9 7 9 8 2 1 5 4 0 0 0 7 4 *